1口30万円から、エンジェル投資家になって億を築く!

Angel investor

学校では教えてくれない
個人資産100億円の築き方

増田裕介
Masuda Yusuke

ぱる出版

はじめに

本書の目的はズバリ3年後までに、巷《ちまた》で騒がれている老後資産2000万円以上の資産を築く方法を身につける、もしくは2020年に世界中で猛威をふるった新型コロナウイルスによる金融市場の大混乱でマイナスになった資産分を、できる限り取り戻す手法を学ぶことです。

もしかすると本書に書かれている方法を実践したら、3年後には今まで以上に多くの資産を築けているかもしれません。

「えっ？　たった3年で？」

「そんな方法が本当にあるの？」

などと思われたでしょうか。

日本では、約52％の方が預貯金だけで運用（ある意味保管）されていることから、世界の人々からは貯蓄好きな国民と思われています。世界のデータと比べても、欧州の先進国の預貯金率は20〜30%、アメリカは13%しかありません。この数値からも、日本人が投資と距離を置いていることがわかります。

団塊世代より上の人たちは、個人で積極的に投資する必要がありませんでした。手厚い年金制度、終身雇用に伴う退職金など、国と会社が老後の面倒を見てくれたからです。

しかし、今の日本は年金も終身雇用も、退職金ですらどうなるかわからない状況に陥っています。そのような状況を打破するには、アメリカや欧州のように、自ら積極的に投資をして自分と家族を守る必要があると私は考えています。

本書は、「投資」が苦手な日本人にも、小予算で簡単にでき、私の経験上一番ハイリターンな投資、「エンジェル投資」の手法について書かれています。

エンジェル投資に関しては、最近になってようやく少しずつではありますが認知されつつあります。しかし、そのほとんどがエンジェル投資を実際にしたことのない人が伝聞ベースで語っているものです。

本書は私が実際にエンジェル投資をした体験をもとに書かれており、さらに成功後の資産運用についても詳しく言及しています。

「資産をつくりたいが何をしていいかわからない」という方は、ぜひエンジェル投資の世界を覗《のぞ》いてみてはいかがでしょうか。

本書がきっかけとなり、エンジェル投資を始め、3年後には今までと違った景色が見えることを期待しています。

◆エンジェル投資の可能性――「老後資金2000万円問題に備えて」

令和元年に注目されたトピックとして、「老後資金2000万円問題」がすぐ浮かぶ方も多いでしょう。金融庁の金融審議会が公表した報告書を発端に、様々なメディアで議論が巻き起こりました。

あまりの反響の大きさに麻生財務相が報告書を撤回させる処置をとりましたが、私たち国民には、「資産形成をしなければ」という不安が心に深く刻まれたのではないでしょうか。

結局のところ、老後資金2000万円問題はなぜ起こったのでしょうか？

その問題点を要約すると、

①平均寿命がどんどん延び人生100年時代に突入
②終身雇用制度が終焉をむかえ、退職金も減少傾向
の2つが挙げられます。

今までの常識であった平均寿命80年がさらに20年延び、今までの貯金ベースでは賄《まかな》えない恐れが出てきました。

また、2019年6月に経団連の中西会長が「終身雇用を前提に企業運営、事業活動を考えることには限界がきている」と発言したことで、今までの日本の長期雇用の方式から新たな雇用へと変化していく流れが見え、大きな話題となっています。

現実問題として、今の30歳以降の社会人がこの流れを受け入れるのは、かなりハードルが高いといわざるを得ません。

今までの日本の雇用システムであった「新卒一括採用」、毎年給与が上がる「定期昇給」、そして雇用の安定を約束した「終身雇用」、このすべてが崩壊となると、今まで彼らが教育を受けてきた企業のあり方だけでなく、人生設計すら崩壊することになるからです。

この問題をマスコミが取り上げても、日本人の多くは思考停止状態に陥り、さも他人事《ひとごと》のように今の仕事に没頭しようとするのではないでしょうか？

本書を手に取りここまで読み進めたあなたは、すでにこの時点で、そのような人たちに差をつけられるチャンスを手にしています。

今のあなたは、これからの日本がつき進む状況を見て、どうにかしなければと慌てているかもしれません。

もしあなたがサラリーマンだとしたら、いつでも転職できるスキルを身につけるのもよいかもしれません。または、独立を考えてみるのもよいでしょう。

しかし、もしあなたに家族があり、リスクを極限に減らしたいならば、私は投資スキルを身につけることをおすすめします。

投資といっても投資信託、ニーサ、金、ＥＴＦ（上場投資信託）、銀行商品など様々な投資商品があり、どれにするべきか迷う人が大半です。特に、コロナウイルスの影響で金融市場が混乱し株価も先が見えない現状では、どう判断すればよいかわからなくても仕方ありません。

そんな中、銀行や証券会社に言われるがまま投資商品を購入し、資産を半分に減らしてしまう人もいます。

私の20年の投資キャリアで確信しているのは、投資初心者でさらに小資本しかない場合でも実施でき、数千万～数億円に化ける投資は一つしかありません。

それが「エンジェル投資」です。

エンジェル投資とは、簡単にいえば、スタートアップの出来立てホヤホヤのベンチャー企業に少額の投資をすることです。

今まで具体的なエンジェル投資の手法を教える講座はほとんどありませんでした。あったとしても、株価算定や事業計画の見分け方など会計寄りの話、もしくは自分が投資して当てた例を自画自賛のストーリーにした内容がほとんどです。

本書では、まったく違う角度からエンジェル投資を解説し、

・どのような会社に投資すべきか？
・投資先をどのように見つけるのか？
・投資して当たった後はどうするべきか？

を詳しく説明していきます。

エンジェル投資はハイリスクハイリターンな世界なのは間違いないですが、本書で解説するポイントを押さえれば、断然戦いやすくなります。

それでは、百発百中とはいきませんが宝くじなんかよりも高確率で、ハイリターンなエンジェル投資の世界を解説していきましょう。

令和2年7月

増田裕介

企画協力▼インプルーブ 小山睦男
カバーデザイン▼EBranch 冨澤 崇
図版作成▼原 一孝
レイアウト▼Bird's Eye

1口30万円から、エンジェル投資家になって億を築く!

もくじ

プロローグ

そもそもエンジェル投資とは何か？

第0章
エンジェル投資を始める前に知っておくべき基礎知識

第1章

エンジェル投資でどれだけ儲けられるのか？

第2章

失敗しない投資先の見分け方「7つのルール」

第3章

エンジェル投資先の見つけ方

第4章

戦略的エンジェル投資

第5章 エンジェル投資の実務とは

第6章

エグジット後の戦略構築

【巻末資料】

プロローグ

そもそも
エンジェル投資とは
何か？

読者のなかには「投資」という言葉を聞くと、「リスクが大きい」とか「怖い」といったネガティブな印象を持つ人もいるかもしれません。しかし、最近の投資は少額から始められるものや、税金面でメリットのあるものも増えてきています。そんな中で、今後人気が出そうな投資が「エンジェル投資」です。

エンジェル投資とは、立ち上げ初期の未公開企業に投資してリターンを得ることをいいます。立ち上げ初期の企業とは、スタートアップ企業のことです。ベンチャー企業ともいいます。簡単にいえば、起業して1年間も経っていない出来立てホヤホヤの会社のことです。

その企業に自分のお金を出資して、会社がうまくいった際にリターンを得ることがエンジェル投資の目的です。

エンジェル投資の本場はアメリカです。アメリカでは、数百万円の出資が数百億円になるという事例も少なからずあります。

たとえば、私が尊敬しているジェイソン・カラカニスという方は、あの日本でも有名なUberがまだアメリカの小さい会社だった頃にエンジェル投資をしました。その後、わずか3年ちょっとで約400億円のリターンを得ました。正確にいえば、2万5000ドルが4億ドルで戻ってきたのです。

日本でも最近、エンジェル投資が密かなブームになりつつあります。日本のスタートアップでも100万円の投資が数億円になる事例が出てきましたし、一般の方、特にサラリーマンでも数十万円の投資が数億円になるチャンスが拡大しつつあります。

とはいえ、まだまだエンジェル投資の認知度は十分ではなく、一握りの経営者や富裕層に知られていても、一般の方にはほとんど認知されていません。

1 アメリカと日本の比較

アメリカでは、大手ファンドが年間にどれぐらいの規模でエンジェル投資を実施しているのでしょうか？　アメリカの大手ファンドの投資額は、1年間に約

2億ドルといわれています。

日本ではどうでしょうか？　日本の年間のエンジェル投資額は、大手ファンドの総計で12億円程度に過ぎないといわれています。市場がまだそこまで認知されていないのがわかります。

つまり、日本では富裕層など投資への感度の高い人たちの間ではブームが来ている状態なのですが、一般にはそこまで認識されていない状況ということです。この状況の今だからこそ、実はチャンスなのです。

日本では、積極的にエンジェル投資をしようという人数がまだ少ないのと、ここ数年の日本の景気のおかげもあり、数十万円程度でもスタートアップ企業から出資してくださいとお願いされる状況にあります。この状況は、2020年のコロナショックによりさらに加速しそうな雰囲気です。

エンジェル投資家がたくさんいるアメリカでは、ベンチャーに投資する人も多く、最低数百万円単位で出資するため、数十万円の出資を引き受けてくれるスタートアップはほぼ存在しません（投資家は少ないほうが会社も嬉しいので）。

そういう意味では、エンジェル投資が成熟していないこの数年が投資できるチャンスであり、資産を増やすチャンスでもあるといえます。

2
エンジェル投資の特徴とは

エンジェル投資の特徴はハイリスクハイリターンといわれています。本当にハイリスクハイリターンなのかというと、投資する会社をきちんと見極めて出資するのであれば、そうともいえないというのが私の結論です。

数十万円の投資で億を目指すという投資を考えたとき、たとえば日本でよくあるのは年末ジャンボ宝くじがあります。年末ジャンボ宝くじは前後賞合わせて10億円とかですが、当たる確率は2000万分の1という計算になります。

他にロトなども10万分の1で当たる計算となりますし、そういう意味ではエンジェル投資はローリスクハイリターンといえるかもしれません。エンジェル投資は、きちんとしたルールを用いて会社を選定する方法を知っていれば、10～20分の1の確率で億を狙うことが可能です。これは、後述する日本の優秀なベンチャーキャピタルファンドの勝率でも実証されています。

数十万円の投資で、億を狙える確率が20分の1ぐらいの可能性であるならば、効率の良い投資といえるのではないでしょうか。

3 エンジェル投資との向き合い方

エンジェル投資は、投資した瞬間に経営全般のほとんどを経営者にまかせることが多いので、投資家がすべきことはほとんどありません（後述しますが、そうではないパターンもあります）。

また、IPOやM&Aエグジットが決まるまでは配当も入ってこないので、いくつもの会社にエンジェル投資をしていると、年に一度の決算報告書が届くまで忘れている会社もあるくらいです。私も恥ずかしながら、「この会社に投資していたのか」と驚いたことが何回もあります。得てして、そういう会社がM&Aされてかなりの利益をもたらしてくれることも多いのですが。

数年前に、元楽天の役員の方と出資したインスタグラムの運営会社も、気づいたら売上が数億円を突破し、かなりのバリュエーション（企業価値）がついていたということもありました。

これらの経験からもわかるように、エンジェル投資との向き合い方は、投資をする前は本書のルールを基にさまざまな角度から投資すべきかを検証しますが、投資した後は、投資の格言にもあるように「飲んで寝て忘れる」が基本だと思います。あなたがサラリーマンであれ、経営者であれ、エンジェル投資では自分に無理のない資産を投資して気長に待つことが、結局は一番といえます。

ただし、年に一度のレポート（決算書）には必ず目を通し、その会社の出資者の集まりにはできる限り顔を出しましょう。その会社のことだけでなく、様々なネットワークを築くことができ、より豊かなエンジェル投資の世界に浸れるようになるはずです。

4

エンジェル投資家になるために必要な要素とは

エンジェル投資に必要なことの一つは「時間的余裕」です。様々な経営者に会い、じっくり話を聞いた上で投資するかどうかを判断する場合、当然多くの時間が必要になるからです。

第2章の失敗しないエンジェル投資のルールで会社を分析すると、だいたい30社に1社程度が投資に値する会社になるはずです。妥協せずにその会社が成功するかどうかを見極めるためには、ある程度の時間が必要不可欠です。

とはいえ、すべて自分でアポを取り1社1社回る必要はありません。3章でも詳しく紹介していますが、最近ではインターネットで調べると銀行や証券会社が主催するM&Aや投資セミナーなどがヒットし、そこには出資を求める優秀なベンチャー企業が集まっています。

また、都内の経営者クラブなどでは頻繁にピッチイベントが開催されています。異業種交流会などで出資を求めるベンチャー企業もかなりの数います。ご自身の都合の良い日時にそのようなイベントに出かけ、周りとのネットワークをつくるだけでも、十分成功しそうな企業を見つけることが可能です。

◆名刺交換は無意味

一つ注意していただきたいのは、異業種交流会などのイベントで名刺を交換しても、ほとんどが無意味に終わるということです。特に、名刺を交換してから2週間以上経っても何のやり取りも発生しない場合、今後もつながることはほとんどありません。

この話は「名刺を交換するな」と言っているわけではなく、必ず名刺だけでなくSNSでつながってくださいということです。今の経営者は例外なく、LINEやMessengerなどのSNSを使用しています。私の場合も出資や投資情報のほとんどはSNSで送られてきますので、エンジェル投資専用のSNSを用意しておくべきでしょう。

その際に、自己紹介やどのような投資に興味があるのか、投資実績なども載せておけば、相手も安心してアプローチしてくると思います。

次に、エンジェル投資家になるために必要な項目として「人づきあいの能力」が挙げられます。

投資する側はもちろん、投資を受ける側もなるべく信頼できると思える人から投資してもらいたいと考えるのは当然です。特に、ＩＰＯやＭ＆Ａできそうな企業は投資家にも人気があるので、あなたの人となりをきちんと説明する必要があります（金を出せば偉いが通じる世界ではありません）。

私が投資している会社の一つにサイバーセキュリティの会社があるのですが、その会社の社長と最初に面談した際、何を話しているのかわからないくらいコミュニケーションがとれませんでした。

普通の投資家ならそこで終了となるのですが、私はいくつかの経験から、ＩＰＯする社長はだいたいが「わがままでつきあいにくい人」と感じていたため（もちろんそうでない方も多いです）、よくわからなくても真摯に対応し投資を決めました。

今はＩＰＯの最終段階に入っており、来年にはエグジットできそうなくらいになっています。エンジェル投資家で成功するコツの一つは、毛嫌いせずに様々な人とつきあってみようとする意識にあるといえるのではないでしょうか。

エンジェル投資家になる最後の資質は行動力です。サラリーマンでも経営者でも投資家でも誰にでもいえることですが、行動力がないと何も生み出すことはできません。

私はたまに経営者向けのセミナーを実施するのですが、その参加者で、「いいお話を聞けました。さっそく自社に当てはめて計画をつくります」と話してくれる方がよくいます。私からすれば、良いと思うことを少しでも行動しないと何も変わらない結末を何度も見ていますので、できるだけ「その計画をつくるよりも、まずはすぐに行動してください」と伝えるようにしています。

ダイエットの計画を立てても、結局「明日からやろう」とずるずると時が過ぎていくパターンと似ています。エンジェル投資も、やり方を学んだとしても最初の投資をしない限り結果は出ません。まずは「行動する」を実践できる方こそ、何事も成功できると思います。

5

ラットレースから抜け出せ。労働収入から配当収入へ

ロバート・キヨサキ氏の『金持ち父さん貧乏父さん』を読まれた方なら、一度はラットレースから抜け出し、不労所得で生活したいと考えた人が多いのではないでしょうか？

しかし、実際は99％の人が労働収入に依存しており、会社生活から脱却したくても貯金が足りず、不労所得のもととなる不動産や債権などを購入できない方がほとんどです。

日本の30代前後の平均年収が400万円程度であることから考えると、「毎月の手取りが20万～30万円＋ボーナス」という生活ですから、貯金はしているが不労所得のもととなる1000万円以上が貯まらないのは仕方のないことかもしれません。

また、副業をしようとしても、新たな収入源をつくるアイデアが浮かばず、毎日、毎月、毎年同じことを繰り返すラットレースをしてしまいがちです。

不労所得を得るには、まずその所得をつくるたね銭が必要です。それには2つのパターンがあります。一つは「自ら稼ぐシステムをつくってオーナーになる」です。

つまり起業家になるということです。もう一つは、「他人がつくったシステムや権利を買ってオーナーになる」です。これは投資家になるということです。

起業家になるよりも投資家になるほうが断然簡単です。今では投資信託やETFなど、1万円から投資できるものもいっぱい転がっています。ただし、ネット検索で探せてネットで完結できるような投資では、不労所得を得るためのたね銭を稼ぐのはほぼ不可能です。

少ない資金で数千万、数億円と稼ぐためには、やはりエンジェル投資が一番効率が良いと思います。まずは自分の足で行動してみましょう。休みの日にでも情報を収集しに出かけ、将来莫大な利益を生んでくれる可能性のある経営者を探すのもエンジェル投資の醍醐味です。

6

エンジェルから投資を受けた会社の今後のフローは？

エンジェル投資を受けた会社の今後のフローはどうなるのでしょうか。基本的な流れは次のとおりです。

まずはエンジェル投資されたお金で自社サービスの開発を進めます。また、優秀な人材を雇う作業も同時に進めていきます。開発に目処が立ち、サービスをローンチし、多少の売上がつくかつかないかくらいで資金が底を突いてきます。ここまでが約半年くらいでしょうか。

この段階で次のラウンドに入り、新たな資金調達が始まります。ここで登場する出資者は事業会社がメインとなります。だいたい一口１０００万円単位で資金調達をし、１億円程度集めるイメージです。

資金調達が終わると、次は事業の単月の黒字化を目指して運営していくことと、認知度を上げるためにサービスのブランディングに予算をかけます。もちろん優秀な人材を雇用することも引き続き進めます。

そして、約1年後に次の資金調達ラウンドに進みます。ここでメインとして登場するのは、VCといわれるベンチャーキャピタルファンドです。彼らは一つの投資に数千万円から数億円を出資します。

VCから資金調達できれば、後は上場かM&Aエグジット（バイアウト）に向けてまっしぐらです。VCからの調達までたどり着けば、エンジェル投資の成功確率も飛躍的に上がります。後は期待して待つだけです。

7 IPOとM&Aエグジットとは？

エンジェル投資をする上で、IPOとM&Aエグジット（バイアウト）の仕組みは絶対に知っておくべきです。

IPO（上場）とは厳密にいえば、証券取引所で会社の株式を売買できるようにすることです。様々な人が株を売買することができるようになり、会社はビジネスのためのお金を集めやすくなるのですが、そのためにはその会社の売上や利益やコンプライアンスなどが一定の基準を満たす必要があります。

その審査などで最短で3年はかかるのですが、見事審査に合格して上場できれば莫大なお金が入ってきます。エンジェル投資では、会社が上場したことを「ホームラン」と呼んでいますが、人生が変わるくらいのお金が入ってきますので、本当に逆転ホームランを打った感覚になります。

次に、M&Aエグジットは通称バイアウトと呼ばれており、会社の株を他の事業会社や投資ファンドに売却することを指します。

バイアウトの場合、会社の株の価格を算定するためにデューデリジェンスが行なわれます。デューデリジェンスでは、弁護士や会計士などその道のプロが数名、多ければ数十名で算定しますので、それなりに時間がかかります。

よくいわれている会社の価値（バリュエーション）を算出する簡単な計算式は「会社の利益×5年+会社の資産」ですが、業種やそのときの景気によっても変わってきます。

このM&Aエグジットは最近だいぶ盛んになってきており、会社を創業してから約1年半~2年でバイアウトするパターンも増えています。エンジェル投資の業界ではM&Aエグジットを「ヒット」と呼んでおり、投資額の15~20倍程度になることが多いです。

8 具体的な出資額はどれくらい?

では、実際にエンジェル投資の出資額というのはどれぐらいでしょうか?

たとえば、普通のベンチャーキャピタルや事業会社がベンチャー企業に投資をする場合は、アーリーステージか次の投資ラウンドで投資をします。

アーリーステージとは、起業して1~2年前後の会社のことです。その場合の出資額はだいたい1000万~3000万円、次の投資ラウンドですと5000万円から数億円くらい出すのが普通です。

しかし、エンジェル投資に関してはまったく異なります。金額でいえば、日本のエンジェル投資ではだいたい数十万円から数百万円程度を出資するイメージです。

なぜこんなに少額でよいのでしょうか?

理由は2つあります。一つは、高額の出資をする会社が減少傾向にあるからです。

2016年くらいまでは、出資額として1000万円程度を出せる会社も多かったのですが、ここ3年はアーリーステージに出資する会社が少なくなりつつあり、ベンチャー企業にお金が集まりにくくなっています。

お金が集まらないとベンチャー企業は事業を継続できず、最悪倒産となるため、少額でも出資を受け入れるようになりつつあります(逆に、数千万から億単位の出資は、後述するCVCが増えたことにより増加しています)。

2つ目は、出資するタイミングにヒントがあります。

イメージとして、ベンチャー企業立ち上げの最初の投資は、自分と家族が投資します。自分の持ち金を投資する、または自分の会社に投資したい親や親族の投資ですね。

そして、数ヶ月もすればその投資された金額が底を突き始めます。そこでまた、お金を出資してもらえるように動き始めます。この会社の状況を、プレシードまたはシード段階といいます。

このプレシードまたはシード段階のときにお金を出資するのがエンジェル投資家です。状況的には非常に苦しいときにお金を出してくれるので、エンジェルといわれています。

ちなみに、この資金がない状況をビジネス界では「死の谷」と呼んでいて、エンジェル投資家を見つけない限り死の谷を越えられません。

見事エンジェル投資家から投資を受けられて、死の谷を越えることができると、その後は前述したベンチャーキャピタルや事業会社が出てきて3000万円ぐらいの投資がいくつか決まり、成長していく軌道に乗ります。

エンジェル投資がそんなに高額にならないのは、企業が一番つらい死の谷の時点で投資しているからで、そこまで高額な投資でなくても起業家に感謝されることになります。

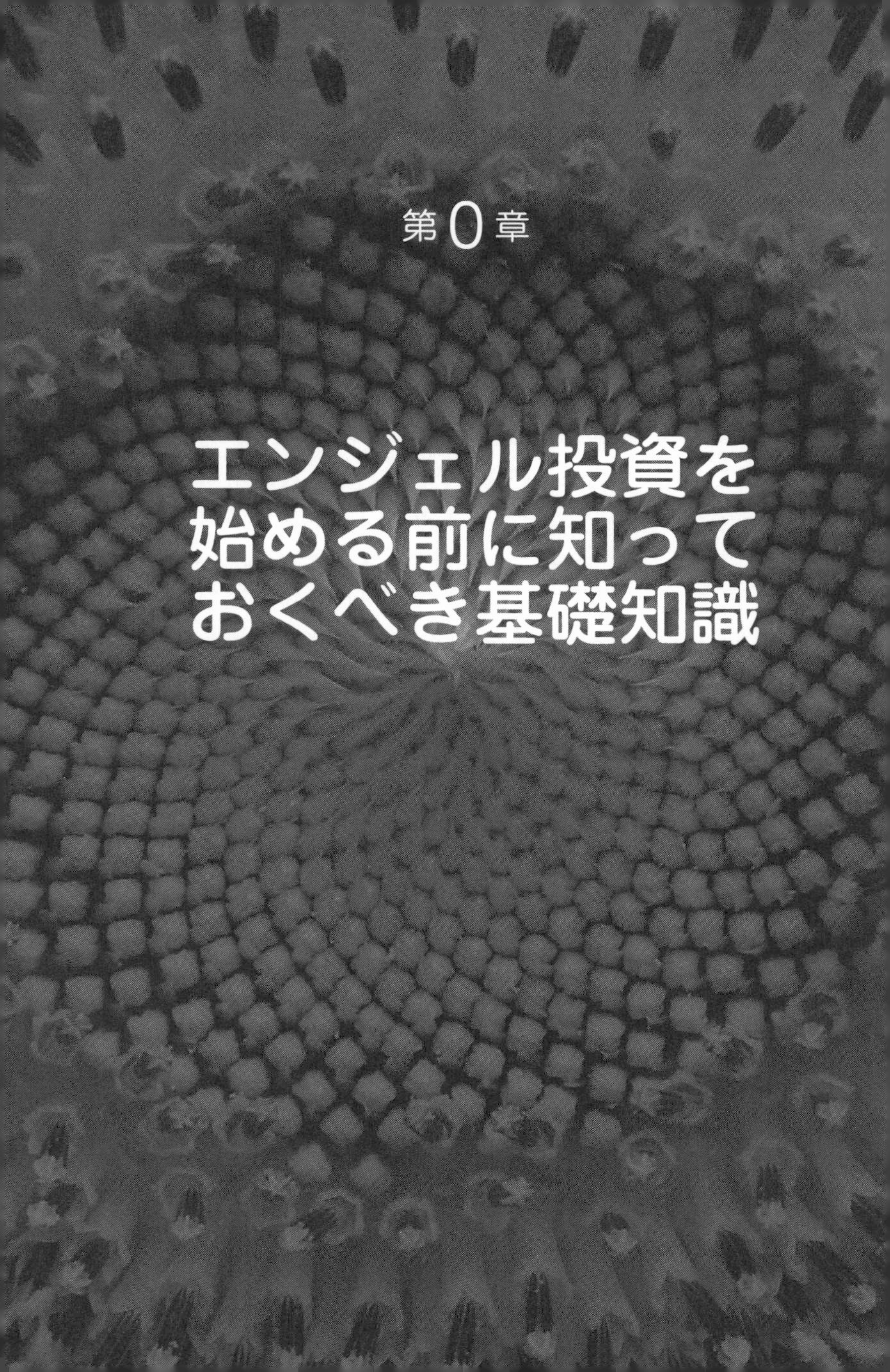

第0章

エンジェル投資を始める前に知っておくべき基礎知識

エンジェル投資を始めるに当たって知っておくべき基礎知識をまとめてみました。

あれっ？ と疑問に思う前に確認しておきましょう。

1 投資額に上限はあるのか？

資金調達のタイミングによって、それぞれに投資額の上限があります。エンジェル投資を求めている企業の場合、会社の価値（バリュエーション）は3000万〜6000万円くらいが妥当です。

仮に3000万円とすると、一人が全額出資すると株を全部買い占めることになり買収になってしまいますし、1500万円以上出すと株を50％以上獲得することになるため、実質オーナーとなってしまいます。それでは経営者としても投資してもらう意味がないので、投資先も自分たちの株比率を考えて投資の上限を決定しています。

エンジェル投資フェーズの場合は、バリュエーションに対して10～15％程度の株を渡すのが平均かと思いますので、バリュエーション3000万円の会社は上限が300万～450万円、6000万円の会社は上限が600万～900万円となります。

2
出資金は返してもらえるか？

投資した会社があまりうまくいっていない場合、投資した資金を戻してもらえないかと考えたことのある投資家もいるかもしれません。そういう場合、資金を戻してもらうことは可能なのでしょうか？

結論からいえば、資金を返金させることはできません。エンジェル投資は出資であり、融資とは異なるからです。

3 出資と融資の違いは？

出資と融資の違いを正しく理解しましょう。出資も融資も資金を調達する手段の一つですが、最大の違いは「返さなければいけないお金なのか、そうではないのか」です。

まず、出資は「返さなくてもよいお金」です。お金を出資する投資家は、その会社の将来的な成長や、上場した場合の株価の値上がりや配当を期待したり、バイアウト後の利益を目的としたりしています。

お金を調達する投資先は返さなくてもよいと聞くと、とても有利に聞こえますが、新株の発行や増資の引き受け先を確保する必要があり、エグジットして投資家に恩を返す責任があります。

一方、融資は「返さなければいけないお金」です。つまり「借金」のことです。一般に、金融機関などから設備の購入資金や運転資金などを調達することを指します。

お金を貸す側から見た場合、出資のようにエグジットしたら莫大な利益が入る性質のものではなく、得られるのは貸したお金に対する利息のみとなります。

4 出資金を返金させる裏技

どうしても出資金を返してもらいたい場合は、株を投資先に買い戻してもらうよう相談することができます。もしくはベンチャーキャピタルのように、投資するタイミングで株の買い戻しの契約を巻いておけばよいでしょう。

実際にあった事例では、エンジェル投資家と経営者が方針の違いで喧嘩《けんか》をしてしまい、株の買い戻しを要求してきたことがあります。

ただし、出資した会社に返金できるだけの現金がなければ買い戻しできません。

また、買い戻してほしい時点の会社のバリュエーションが投資した時点よりも低くなっている場合は、投資額より割引されますので注意が必要となります。

5 ベンチャーキャピタルとエンジェル投資家の違いは?

前述したようにベンチャーキャピタルとエンジェル投資家では、投資先のステージによって資金を出すタイミングが違います。

エンジェル投資家は、起業したばかりの最初の成長時期に出資をしてハイリスクハイリターンを目指しますが、ベンチャーキャピタルは、ある程度形になった会社に出資をするため、比較的リスクを少なくしつつそれなりのリターンを目指します。

◆資金を出資するタイミング以外の違いは?

どちらも投資先に出資してエグジットを目的にしている点では違いはありませんが、以下の点で大きく異なります。

それは、エンジェル投資家は個人であり、自分のお金を投資しているのに対して、ベンチャーキャピタルは投資会社であり、投資家が出資したお金を法人として代わりに投資している点です。

個人のお金であれば、自分の自由に使えるため、どこに投資するかはエンジェル投資家の個人的なルールで決定します。

経営者の人柄や、プレゼン内容に魅力を感じて出資を決定することもよくあります。

法人として投資を行なうベンチャーキャピタルでは、出資には会社の経営が関わりますし、出資する額も数千万円から数億円と大きいため、金融機関と同じような審査が行なわれるのが大きな違いになります。

つまり、もしあなたの投資先がベンチャーキャピタルから出資を受けたのなら、そのような厳しい審査を乗り越えた証でもあり、エグジットの可能性が高まったといえます。

6

エンジェル投資とクラウドファンディングの違いは？

エンジェル投資とクラウドファンディングとの区別ですが、出資をするという意味では近いものがあるのですが、巷で流行《はや》っているCAMPFIREやMakuake（マクアケ）といったクラウドファンディングとエンジェル投資は、ほぼ別物となります。

そもそもクラウドファンディングとは、インターネットを通じて不特定多数の人に資金提供を呼びかけ資金を集める手法を指します。現在では、中小企業が市場開拓や新規事業を目的としてクラウドファンディングを活用し、成功を収める例も増えていますね。

エンジェル投資も、インターネットで不特定多数という点以外は似ています。しかし、大きな違いは、本来クラウドファンディングには、支援者が金銭的なリターンを得られる「投資型」と、金銭以外の物やサービスを受け取れる「非投資型」があり、日本で流行っているクラウドファンディングはほぼ「非投資型」である点です。

これは、「投資型」は金融の免許が必要なのに対し、「非投資型」は免許が不要で誰でも運営できるからです。

エンジェル投資では、出資をする代わりに株券（金銭的リターン）を受け取りますが、クラウドファンディングはそうではありません。繰り返しますが、日本のクラウドファンディングは購入型クラウドファンディングがほとんどで、「非投資型」となっています。


簡単に説明しますと、プロジェクト起案者は目標額と期限を設定し、支援者を募ります。支援者へのリターンとしては、市場に出回っていない物やサービス、権利といった金銭以外の特典を設定します。

つまり、エンジェル投資は投資して株券（金銭的リターン）を得て、エグジットしたら莫大な利益（お金）を得ますが、クラウドファンディングでは投資と引き替えに金銭以外のもの（商品やサービス）を得るだけで、お金は得られない点が大きく異なります。

第1章

エンジェル投資でどれだけ儲けられるのか？

1 エンジェル投資の破壊的利益とは？

「エンジェル投資の仕組みはわかったが、いったい自分がどれだけの利益を得られるのか？」と疑問に思われる読者もいるでしょう。

世の中には銀行利息、株投資、不動産投資、投資信託など様々な投資があふれていますが、どの投資も年率1～5％が基本で、7～10％も出ると大人気商品となります。銀行の利息などは0・1％もつかないのが現実だからです。

そのなかで、エンジェル投資は利率に換算すれば2000％から、当たれば3万％になることもあります。他の金融商品と比べて信じられないくらいのリターンを得られることがわかるでしょう。

実際にシミュレーションをしてみましょう。

仮に、10社にエンジェル投資をしたとしましょう。よくいわれている話ですが、通常に機能しているベンチャーキャピタルの勝率が10分の1であることを考慮して、読者の皆様の勝率も同じで計算してみます。

1社に対する投資額はエンジェル投資の最低投資額である30万円とし、出資先の会社のバリュエーションはエンジェル投資段階での平均値3000万円とします。さて、どのくらいのリターンを得られるでしょうか?

◆パターン①投資先がM&Aエグジットを選択した場合

M&Aエグジットをする場合のバイアウト額は業種によって平均値が変わるのですが、おおむね5億~12億円を想定しています。つまり、最初のバリュエーション3000万円から6億円でバイアウトしたとすると、資金が約20倍に増えたことになります。30万円の投資額に対して600万円戻ってくる計算なので、利率2000%程度の計算となります。

M&Aエグジットは最近トレンドになりつつあり、成立スピードが早まっています。投資して1年以内にバイアウトが決まることも少なくないため、投資効率は極めてよいです。

◆パターン②投資先がIPO（上場）した場合

投資先がIPOした場合が、エンジェル投資でいう「ホームラン」を意味します。M&Aエグジットと比較して、信じられないくらいの利益を生みます。

IPOの場合のバリュエーションは、2019年に上場した企業の平均値が約80億円で、数百億円のバリュエーションがついた企業も20社以上ありました。つまり、うまくトレンドに乗れば300億円程度のバリュエーションも夢ではありません。

仮に300億円とした場合、最初のバリュエーションが6000万円だったとすると5万%の上昇を意味します。つまり、30万円の投資が1億5000万円にもなります。普通の投資に比べてエンジェル投資のリターンがどれだけ破壊的か理解していただけたでしょうか。

エンジェル投資でのおすすめの投資方法は、年間に10件程度のエンジェル投資をすることです。

10件中1件がM&Aエグジットを達成すれば、その利益でさらに10件のエンジェル投資をします。それを繰り返す間に、ホームランとなるIPOを達成する会社をジッと待つのがエンジェル投資の基本戦略となります。

2 優秀なベンチャーキャピタルの勝率

日本には数多くのベンチャーキャピタルがありますが、ほとんどのベンチャーキャピタルは自社のファンドサイズの約3倍の利益が得られるように考えて投資をしています。

つまり、ファンドサイズが10億円のベンチャーキャピタルの場合、利益が30億円になるように計算して投資をします。

たとえば、あるベンチャーキャピタルが10社に投資したとしましょう。投資するところも、確実に当てたい会社、可能性がある会社、大穴だけど当たればでかい会社などに分類します。その実績として、8社が失敗、1社がM&Aエグジットに成功、1社がIPOに成功だった場合、そのベンチャーキャピタルは大成功したことになります。

ベンチャーキャピタルはエンジェル投資とは異なり、投資先の会社のバリュエーションがそれなりに高いときに出資をしますので、エンジェル投資のように数百倍にはなりませんが、それでもM&Aエグジットで5倍、IPOで30倍程度の利益は取れます。

極論をいえば、どれか1社がIPOしてくれれば十分利益が出ますし、M&Aエグジットを1~2社してくれれば元が取れるのです。また、実は自分たちに有利な契約を巻いている場合も多く、私たちエンジェル投資家も参考にしたい事案も多いです。

3 学校では教えてくれない投資商品との違い

エンジェル投資は当たるとものすごい利率になりますが、他の投資商品とはどう違うのでしょうか？　私たちの身近にある投資商品を例にして検討してみましょう。

①銀行商品との比較

銀行で取り扱っている商品には様々なラインナップがあります。預金、投資信託、外貨建債権、個人年金保険など、挙げればキリがありません。

よくいわれているのは、日本の預金では全然金利がつかないということです。これは読者のあなたもご存知だと思います。日本の預金金利は大手銀行だと0・001％しかありません。これでは何十年貯金しても意味がないですよね。

最近よく聞く投資信託はどうでしょうか？　まず頭に入れておきたいのは、銀行の営業担当者は基本的に金融商品の販売実績で評価されるため、良い商品ではなく売りやすい商品を売るということです。銀行員がどんなに良い商品と思っていても、お客様が買ってくれないと評価につながらないからです。

そこで、「マイナス金利なので」「毎月○○円の分配金がもらえます」「オリンピックが開催されるので」などと、お客様の興味を引きそうな商品を紹介します。投資信託も、最近ではＡＩなど流行の言葉を使って、売れやすいように流行らせているのに気づいているでしょうか？

日本の投資信託は、海外に比べて笑ってしまうほど手数料が高いです。はっきりいって、投資して利益が出ても手数料でほぼ持っていかれます。

実際に、自分の銀行の投資信託で運用している銀行員を私は一人も知りません。プライベートバンクなど投資のプロのバンカーがお客様一人ひとりに運用を提案するならまだわかるのですが、誰もが簡単に買えるパッケージになった金融商品で利益が出るほど甘い世界ではないと私は考えています。

②不動産投資との比較

不動産投資はどうでしょうか？　つい最近ではカボチャの馬車やスルガ銀行の

問題もあり、何かと世間を騒がせていますよね。実際はどのくらいの利益が出るのでしょうか?

私の友人やクライアントには不動産会社の社長が多くいます。また、私の会社のグループにも不動産会社があるため、比較的話しやすい分野です。

まずは基本の確認ですが、不動産投資には2つの投資があります。ワンルーム投資と一棟買い投資です。そして利益の出し方も2つあります。家賃収入で利益を得るインカムゲインと、売却して利益を得るキャピタルゲインです。

私は、不動産投資はやり方によっては確実に利益が出る投資手法だと思います。ただし、業者の言いなりになると確実に失敗します。

たとえばワンルーム投資ですが、家賃収入を求めて業者のすすめるマンションを購入してしまうと、ほぼ確実に失敗します。なぜなら、確実に儲かるなら業者は人に売る必要もなく自分で家賃収入を取ったほうが儲かるからです。

私の周りの不動産関係者で、家賃収入を目的にワンルーム投資をしている方は一人もいません(もちろん、掘り出し物もあるのですべてがダメなわけではありませんが、素人にそのような物件は回ってきません)。

不動産関係者がワンルーム投資をする場合はキャピタルゲイン、つまり安く買って高く売る売却益狙いがほとんどだと思います。高く売るために利回りを都合よくいじって、知識のないお客様に売りつける業者もいるので、素人は手を出さないほうが無難だと思います。

次に一棟買い投資ですが、これは資金があるなら固い投資です。都内ではあまり利回りが出なかったのですが、狭小マンションなどの登場により都内でも新築で利回り6〜7％の商品も出てきました。

また、世界中を騒がせたコロナウイルスの影響で土地の値段も下がりつつあるため、今後購入してしばらく持ち続ければキャピタルゲインも狙いやすいでしょう。ただし、ローンを組むにしてもそれなりの頭金が必要なため、エンジェル投資のような気軽さはありません。

③M&Aとの比較

最近では、会社を数百万円で買って運営する投資がにわかに活気づいているようです。私も自分の会社をバイアウトしたことがありますし、他社を買収したこ

ともありますので、M&Aには詳しいです。（コンサルティングでも主にM&Aを扱っています）

今の日本は後継者問題などで、数百万円でもいいから引き継いでほしいという会社がたくさんあります。しかし、引き継いだところで本当にうまく運営できるのでしょうか？

会社を経営するのとサラリーマンとして働くのは、同じ仕事のようで実際はまったく異なります。中小零細企業の場合、M&Aした当初は順調でも、歯車が一つ狂えばあっという間に赤字に転落します。そうなると、経営者はお金のことで頭がいっぱいとなり、24時間資金繰りで悩むことになります。

「そんな大袈裟《おおげさ》な」と思われる方もいるでしょうが、今まで数百社以上見てきた私の経験からいえば、ほぼ間違いなくそうなります。国税庁によれば、日本の赤字会社の割合は約7割とのことなので、ちょっと失敗しようものならすぐ資金難となるのです。

そもそも赤字にならないくらいのキャッシュリッチな会社が数百万円で買えるわけもありません。サラリーマンのように必ず給与が出る生活ではなく、社員はもちろんその家族の人生まで背負う会社経営はもちろんやりがいに満ちていますが、生半可な気持ちでは避けるべきだと断言できます。

しかし、万全の準備をして会社経営をするという強い気持ちがある方なら、エンジェル投資よりは断然リスクがありますが、エンジェル投資と同じくらいワクワクできる投資ともいえるでしょう。

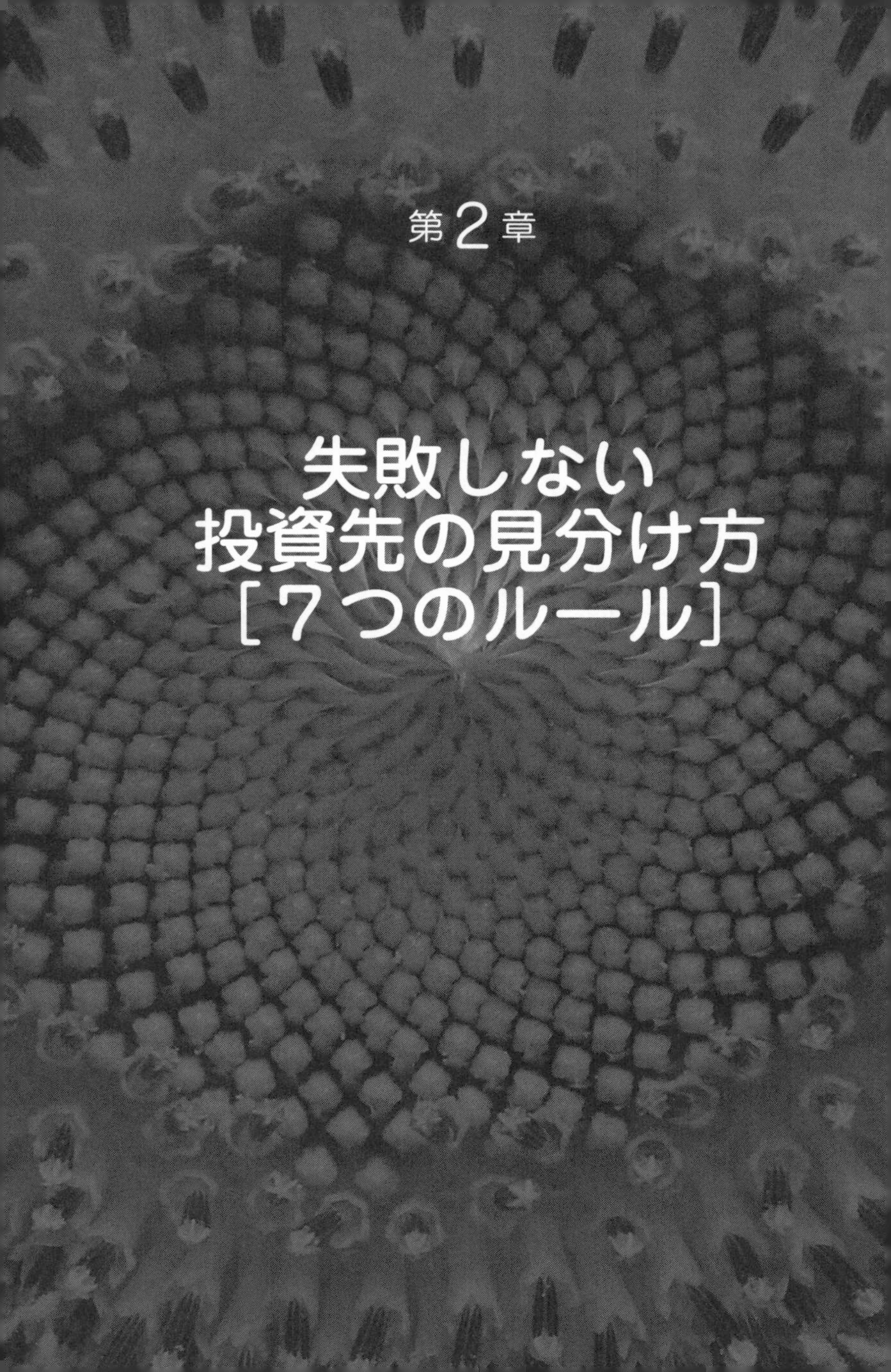

第2章

失敗しない投資先の見分け方［７つのルール］

プロのエンジェル投資家だけが知っている、将来有望な会社を見分ける7つのルールがあります。このルールを知ればエンジェル投資の勝率が格段に上がり、失敗しにくくなります。私自身、何度も失敗してこのルールにたどり着いたので、今後エンジェル投資家を目指す方にも十分参考になるはずです。できるだけ事例を交えてご紹介していきます。

1

【ルール①】ビジネスアイデアは二の次

一般の投資家は、投資を決定する際にどうしてもその会社のビジネスモデルやアイデアを前提に考えてしまいます。これは、ある程度社歴が進んだ会社に投資するのであれば重要なことですが、エンジェル投資の場合は極めてナンセンスです。なぜならエンジェル投資の場合、投資を検討している会社はまだシード段階であり、検討できるほどビジネスモデルが現実的に出来上がってないからです。

ほとんどの場合、まだアイデアレベルで実際の商品やサービス、プロダクトなどは完成していません。その段階でビジネスモデルが良さそうだからと投資するのは、絵に描いた餅に過ぎません（実際にはそのサービスができない可能性が大だからです）。

また、経験豊かなエンジェル投資家でも、実はそのビジネスモデルが当たるかどうかはほとんど予想できません。正直、３年先の未来など誰も予想できないのと同じで、ビジネスの世界でも３～５年先のことはまったくわからないのが本音です。

たとえば、年末恒例の来年度の日経平均株価を予想する番組を見ていただければわかると思います。経済評論家や偉そうな先生方が自分の理論をもとに数字を算出していますが、ほぼ全員の答えがばらけています（笑）。

10年前のガラケーの時代に、そこからスマホが台頭し、さらに動画が見放題になり、５Ｇでストレスなく音楽や映像が楽しめる世界が来るなんて、誰も想像していなかったでしょう。ですからエンジェル投資のフェーズの段階では、ビジネスモデルを分析するよりも重要なことがあります。

何が重要で何を見て投資するべきか？　エンジェル投資の場合はビジネスアイデアに投資するのではなく、「人」に投資するのが重要です。人に投資するとはどういうことでしょうか？

たとえば、私が投資している保育アプリの会社の社長はマレーシア人です。出会いは友人の投資家からの紹介でしたが、私は話してすぐに投資を決めました。単純にその人自体に魅力があったからです。

簡単に彼のことを説明しますと、小さい頃から語学を習得しており5ヶ国語を操る秀才です。日本人と結婚したい一心で、彼はマレーシアから単身で日本にやってきて、上場企業のＩＴ会社に就職しました。

1人でアプリを開発し、得意の語学を駆使して世界中で3000万ダウンロードを達成させました。目的であった日本人とも結婚し、子供もでき、保育園を探していたところ「日本の保育事情」の現実を知り、今の保育アプリ会社を起業したという人物です。

少しの説明でもわかってもらえると思いますが、彼の能力はもちろん、バイタリティー、達成力共に申し分ありません。また、外国人である彼が日本の保育を変えていくストーリーはマスコミ受けもしそうだと当時考えていたのですが、予想どおり投資して1年後にはNHKや各種メディアでも特集されるようになりました。この会社は2020年にバイアウトが決まり、彼は次のビジネスに向けて準備を始めています。このように、個人能力の高い人を見つけることが重要です。

他のパターンとしては、「人たらし」な人間に投資するという方法もあります。名前を書くと怒られそうなので伏せますが、私が投資している人で、仕事の能力はそれほどでもないのですが、初対面の人を含め誰からも好かれるTさんという方がいます。彼はビジネススクールを運営し、様々な業界を代表する経営者に授業やセミナーを受け持ってもらい大繁盛しています。

ある逸話では、どうしても講師をしてほしい経営者のセミナーに乗り込んで直談判をし、警備員につまみ出されたにもかかわらず、同じことを3回繰り返した結果、話を聞いてもらえたそうです。この信じられない行動力や後輩から慕われる人柄を見て、私も投資を決めました。

また、こんな話もあります。

あるエンジェル投資で成功を収めた先輩経営者は、投資するかどうかは酒の席で判断しています。

なぜかというと、人間は酔うと少なからず本性が出るからです。お酒の席で人に迷惑をかけたり、酔いすぎて先に帰ってしまったりするのは論外ですが、そういう場での気の遣い方一つで、だいたいどんな人かわかってしまうとのことでした。

このような例はたくさんあるのですが、重要なのは「エンジェル投資成功の第一歩は、ビジネスモデルよりも人で判断すること」です。これを頭に入れておきましょう。

2

【ルール②】コストコントロールを重視する

素人の投資家は、将来的な売上高に注目してしまいます。

また、起業家も資金を調達したいがために、「1年後には黒字化します」「3年後の売上30億円を目標にしています」「5年後には上場します」など、大風呂敷を広げた資本政策を説明してしまう傾向にあります。

結論からいえば、そのような資本政策はまったく信じるに値しませんし、そんな会社に投資をしてはいけません。もちろん、きちんとした予測に基づいて売上を算出するのは素晴らしいことですが、経験則からいえば、ビジネスはそんな予定どおりにはいかないものです。

ですから、売上や利益予測はそれなりに聞いておけばよく、投資するからにはもっと重要なポイントを確認しなければなりません。それが「コストコントロール」です。

コストコントロールとは何でしょうか？　簡単にいえば、会社の1年間の費用がどのくらいかかるのかを正確に記した数字のことです。この数字がざっくりしていると、その会社の倒産確率が高まります。

たとえば、会社に必要な経費を５０００万円と計算したとしましょう。しかし実際に経営してみると、残業代や社会保険料、交際費や各交通費をきちんと算出していなかったため、人件費が予定していた3000万円では足りず、さらに1000万円超かかってしまいました。

その上、予定していた入金が遅れたり、各税金の支払いを計算できていなかったり、余計な経費を使ってしまったりと、ベンチャー企業あるあるでお金が出ていってしまうことは本当によくある話です。（本人に悪気がなくてもです）

こんな最悪な事例もありました。

ある経営者がオーダースーツのビジネスをしたいとのことで、エンジェル投資家から500万円を集めました。その人は面白くて魅力があり、ルール①に当てはまる人です。

実際に500万円着金後、何を思ったのかオーダースーツのサロンのために高級マンションを契約し、営業車として外車も購入していました。

投資家もその話を聞き心配になり、彼を問い詰めたところ、あーだこーだと言い訳をしていましたが、結局は「自分の欲が出てしまった」と認めたとのことです。投資家たちは泣き寝入りするしかありませんでした。

エンジェル投資で極めて重要なことは、その会社がコストコントロールできているか、つまり、いつ何にお金が必要かを正確に理解し、投資されたお金を決まった期日まで正しく使えるのかを確認することです。

売上が様々な事情で上がったり下がったりするのは、ある意味仕方ないことです。しかし、コスト（経費）に関してはきちんと予測し、確実にコントロールすることができるはずです。

逆にいえば、そのコントロールすらできない見積もりの甘い会社が、ＩＰＯするために必要な監査法人の監査に耐えられるはずもないため、投資に値しないということです。

このコストコントロールができている会社は、私の経験からいえば１００社に１社程度しかないのですが、その会社を見つけたら迷わず投資すべきだと断言できます。

3 〔ルール③〕出資メンバーの重要性

エンジェル投資で失敗する一番のパターンは死の谷を越えられないことです。いかに万全の準備をしていても、思うように売上がつくれず資金不足に陥る事態はどうしても起こり得ます。

その場合、会社が生き残るためのアクションとしては、再度資金調達を始めます。その際に、すでにエンジェル投資してくれている方が再度出資をしてくれるなら、余計な株主が増えなくてすむため非常にスムーズに再出発ができます。

ですから、自分が出資しようとしている会社への他の出資者を確認することは極めて重要です。ではどんな人が出資していたら、その会社に出資すべきなのでしょうか？　答えは簡単です。今までに出資をして成功している方やプロの投資家の方が出資している会社です。

たとえばGoogleで検索すれば、エンジェル投資家として有名な経営者が何人も見つかります。その方の実績なども調べれば出てくる場合が多いので、その方が認めた会社で、さらに自分でもうまくいきそうだと感じたなら素直に乗ってみるとよいでしょう。

また、プロの投資家とは、金融庁に名簿が出ている適格機関投資家の方たちです。私も登録されていますが、個人では90名程度が登録されています。彼らは長年数十億円以上を運営しているプロ投資家なので、彼らが出資している会社は普通に選択するよりは成功する確率が高いといってもいいでしょう。

このように出資者を調べることで、エンジェル投資の成功の確率をさらに上げることが可能です。

4 【ルール④】PRできるかどうか

エンジェル投資をするに当たって、その投資先の会社の事業内容や商品を重視するのは当然です。特にＢｔｏＣなどの消費者向けのビジネスの場合は、そのビジネスを広く認知させることが成功の決め手になります。

「認知」ってどういうこと？と思われる方もいるでしょう。簡単な例で説明しますと、あなたがパートナーに「今日スーパーでマヨネーズを買ってきて」と頼まれたとします。仕方なく仕事の帰りにスーパーに寄り、マヨネーズの置いてある棚を発見しました。そこには、チューブ型やビン型など様々なマヨネーズが並んでいます。さて何を買いますか？

マヨネーズにそれほど興味がなければ、おそらく「キューピー」一択になるのではないでしょうか。私は間違いなく知っているキューピーにします。

これが「認知」の力です。世の中の消費者のほとんどが「知っているもの」しか買いません。我々は、「ＣＭで観た」「テレビで観た」「誰かから聞いた」など、何かで知っていることでその商品に安心感を覚えます。「この商品は健康に良く、コスパも良いので絶対に売れる」と勘違いして、商品を売り込みに来る業者をよく見かけますが、それは間違いです。人々は知らないものは買わないのです。これは、私のコンサルティングの経験からも明らかな事実です。

ですから、あなたがエンジェル投資をしようとしている商品が人々に認知されやすい商品かどうか？　つまりテレビやメディアを使ってPRできるかどうかを確認することは、そのビジネスが成功するかどうかを判断する指針にもなります。

ＰＲして認知を得た商品は爆発的に売れるので、そうなれば成功は近いです。逆にＰＲしにくい商品は、なかなか売上をつくれずに苦労することが多いです。

では、ＰＲしにくい商品とはどんなものでしょうか？

具体的には、頭が良くなる、病気が治る、寿命が延びるなどのエビデンスに乏しい商品や、宗教、マルチ商法などいかがわしいイメージのものや、投資関係のビジネスがそれに当たります。なぜ投資関係もダメなのかといえば、テレビ局は訴えられるのを一番恐れているからです。

たとえば、テレビで「この投資が儲かる」（最近だと仮想通貨でしょうか）などの特集番組を流してしまうと、それを観た視聴者が実際に投資をして、それが暴落した場合、投資事業者は破産していることが多いため、特集番組を放映したテレビ局に訴えがいくということが起こります。

実際に、この世の中で一番訴えられているのがテレビ局だという噂もあるくらいなので、テレビ局の法務部はかなりこのテーマには嫌悪感があるようです。

5

［ルール⑤］CFOと資本の重要性

エンジェル投資を決める基準として、その会社の資本政策を理解する必要があります。資本政策とは簡単にいえば、どのくらいの時期にどのくらいの売上になるか？　そこまでにどのくらいの予算が必要なのか？　その必要な予算をどのタイミングでいくら集めるのか？を細かくまとめた資料のことです。

その政策を請け負うのがCFO（最高財務責任者）になります。CFOの力量次第で、ベンチャー企業の命ともいえる資金調達の成否が決まります。ベンチャー企業は前述のとおり、死の谷を越えるまでは資金が全然足りません。死の谷を越えてVCがお金を入れてくれて資金調達がうまくいったとしても、そこからビジネスがスケールする戦略がなければ、また資金調達をすることになります。

ですから、まずはCFOが資本政策の内容の資金調達をどこまでリアルに描けているのかをきちんと確認してみましょう。資金が調達できている限りは会社が死ぬことはないので、ひとまずは安心です。

次に私たちが確認すべきことは、資本にどの会社が入っているかです。ルール③の出資しているエンジェル投資家の確認は当たり前として、投資先のビジネスとシナジーが効く企業が投資してくれていれば、アライアンスを組んで売上に貢献してくれるかもしれません。

最近ではCVC（コーポレートベンチャーキャピタルの略）が頻繁につくられています。そこから出資を受けた場合、最終的にCVCにM&Aする流れもつくりやすくなります。そういう意味でも、CFOが考えている資本政策はきちんとヒアリングしておきましょう。

◆CVCとは何か？

CVCとは簡単にいえば、会社内でつくられたファンドのことです。日本では今CVCが乱立しており、ここ最近で200程度のCVCがつくられています。なぜ、CVCがどんどん設立されているのでしょうか？

その鍵は企業の利益の内部留保にあります。企業側は、ビジネスで得た利益を使わずに溜め込み、いざというときに備えようと考える傾向があります。たとえば日本を代表する大企業のトヨタが、1年間何も利益を生まなくても従業員全員の雇用を守ることができる内部留保があるという話は有名ですよね。

このように、今の日本の大企業はかなりの利益を使わずに溜め込んでいます。経営者としては、内部留保があることで安心しますが、その会社に投資をしている株主は面白くありません。株主はできる限り利益を還元させて自分たちの収入にしたいので、利益を溜め込むことを良しとしません。

そこで、企業としては株主を納得させるために何か新しいビジネスを考えたいのですが、そう簡単にアイデアが出るわけもなく、比較的参入しやすいファンドビジネスに手を出すという流れになっています。

あまり大きな声ではいえませんが、以前ファンドの責任者に聞いた話では、100億円規模のファンドをつくり、出資した会社が当たれば利益がさらに増えてラッキーですし、万が一外れても会社の部長職辺りの首が飛ぶ程度で、会社自体にたいして影響はないという認識のようです。

CVCをつくることで、「会社は利益を生むために努力している」というポーズを株主に見せられればよいと考えているのかもしれません（ちょっと怖い話ですが）。

◆CVCからの出資を受けるとなぜM&Aが早まるのか？

ＣＶＣが出資した会社に求めていることは2つあります。一つ目はその会社の長期的な成長です。もう一つはＣＶＣ本体の会社とのシナジーです。

普通のベンチャーキャピタルでは、投資先にＩＰＯを求めているため、ＩＰＯするために多少の無理をしてでも急激に成長することを望んでいます。

ＣＶＣの場合は、最終的に会社とのシナジーが出ればそのまま自社に統合しようと考えているところが多いです。つまり、ＩＰＯを目指させるのではなく自社でM&Aするのが目的です。ですから、出資先を無理に成長させるのではなく、今後シナジーが生まれるように長期的に成長していくことを要求します。

ＣＶＣが出資を決めてからM&Aされるまでの期間ですが、私の経験からいえば、早くて8ヶ月、遅くとも2年以内には決着がつくことがほとんどなので、ＣＶＣが出資をした場合はエンジェル投資では何らかの成果が出るといえるでしょう。

◆CVCが出資したのにうまくいかない場合

うまくいかないのはCVCが先に利益を確保しようとした場合です。CVCの責任者も投資がうまくいかずに責任をとらされたくはないため、自分たちに有利な契約を結ばせようとすることはよくあります。

パターンは様々ですが、よくある例が利益を優先的に確保する契約です。簡単にいえば、出資をする代わりに会社の売上の半分を何らかの形でCVCに戻すといった契約を要求されます。

この契約に合意してしまうと、売上が減るだけでなく、将来にわたってCVCに搾取されるため、買い手が敬遠しますしバリュエーションも当然下がります。結局M&Aの売り先がCVC以外になくなることになり、事業でCVCとのシナジーを出せなければ解散することにもなります。

この手法が最近増え始めているので、自分の出資先の会社がCVCからの出資を考えている場合、エンジェル投資家は出資先の社長にきちんとデメリットを把握できているのかを確認する必要があります。

6 ［ルール⑥］投資する業界をしぼる

エンジェル投資を求めている投資先は様々な業種にあふれています。農業ビジネス、災害アプリ、酒蔵ビジネス、医療ビジネス、バイオやテクノロジーなど多岐にわたります。

これらすべての業界の方とミーティングをしていくのは、その業界の知識を詰め込むだけでも大変な労力がかかるため、自分が興味のある業界にしぼるのが得策かと思います。

それにプラスして、ビジネスにも流行りがあるため、今または未来のトレンドに合ったビジネスを選択することで成功確率も上がります。

具体的にどんなビジネスが良いかというと、今ならＩＴビジネスは当然として、ＡＩを用いたビジネスやＶＲビジネスなどが挙げられます。特に「先端技術」。次世代技術に注目するといいでしょう。

これは今イスラエルが主流となっていますが、バズワードといわれているような人工知能、ロボット、IoT、AR、ヘルスケアIT、フィンテックなどを扱う企業です。実際にコロナショックでもIT系の会社は影響なく伸びています。また、ビッグデータを扱うアナリティクス系の会社もいいでしょう。

さらに、医療系ビジネスは今後も順調に伸びると予想されています。特に医療系は日本人が得意としているおもてなしのサービスを強調することにより、中国など他の国が真似するのはハードルが高くなるため、日本発の唯一無二の高級医療サービスで世界展開も期待されています。

他にもLGBT関連のビジネスなど社会的に世界も注目しているビジネスや、まったく新しい分野のeスポーツなども検討すべきだと思います。

色々とビジネスがあり悩んでしまいますが、そんなときは自分の知っている業界に最新の新しい技術が組み合わさったビジネスを探すことがヒントとなるはずです。

私の大学の後輩で、シリコンバレーで起業の勉強をし、AIを活用した教育システムをつくった経営者がいます。私も当時、教育ビジネスを数十億円までの規模にしていたので、友人の会計士からの紹介で、後輩ということもありお会いしました。

彼がつくったシステムの説明を聞き、実際に触れてみて、「これは間違いなく時代が来る」とビビッと来たのを覚えています。

どんなシステムかといえば、専用のタブレットにＡＩが搭載され、ＡＩが問題を出したり、その問題を解く秒数や正答率などを分析したりして、将来的にどの分野でつまずくかを表示します。どこが苦手分野になるかがわかるので、その分野はより手厚く指導していけばよく、効率的に教えられる仕組みです。

当時は数学のみの開発だったのですが、小学生が中学３年生レベルの数学検定に挑み半年経たずに合格者を出すのに成功するというすごい結果を続出させていました。私個人は出資したかったのですが、自分の教育ビジネスの兼ね合いで見送らざるを得ず、今でも少し後悔しています。

自分の分野だからこそ、そのビジネスの強みがよりわかります。ですから、あなたの得意な分野をいくつかエンジェル投資の候補に入れておくことはおすすめです。

7

【ルール⑦】バリュエーションに着目する

投資を検討している会社が、すでに数名のメンバーがいたり、商品やサービスを展開していたりする場合、着目すべきはその会社のバリュエーションです。バリュエーションとは会社の価値、つまり今その会社を売るとどれだけの値段がつくのかということです。

厳密に計算するには様々な計算方法があり、会計士などが監査をして算出していくのですが、スタートアップの会社だとそこまでする必要はありません。前述した簡単な計算式と、次に挙げる計算式では測れない項目をチェックしておけばよいでしょう。

◆経営チームをチェック

スタートアップの経営者の経歴は誰でもチェックすると思いますが、役員やスタッフが今まで何をしてきたのかもバリュエーションを上げる重要な要因です。

たとえば彼らが以前ＩＰＯした会社にいて、そこでは役員として働いており、そこからこの会社に転職したといった経歴なら、この会社の価値は当然上がりますよね。なぜならそんな人が転職してくるなんて期待できそうな会社に見えるからです。また、経営者や役員が過去に会社を何個かつくっているとか、エグジット経験があるとかでもかまいません。

株式市場もそうですが、会社の価値、すなわち株価が上がるのは期待度が上がるときです。まだ何者でもなくても、期待度が上がれば会社のバリュエーションも上がります。そういう意味では、経営チームをチェックすることは投資判断として有効となります。

さらにチームを詳しく見る場合は、その会社がワンマン経営かどうかも確認してください。ワンマンの場合、リスクもあるためなかなか大きな額は投資しづらいです。とはいえ、普通は経営者1人で周りに何人かいるという形式が多いので、少額投資なら問題はありません。

ただし、経営者に何かトラブルが生じた場合は代わりがいないため、組織が崩壊するリスクがあることも知っておきましょう。複数人でチームを組んでおり、経営者の代わりがいるのであれば、保険をかけるという意味でもより良いのは間違いありません。

◆商品の検索チェック

会社のバリュエーションが上がる要因として認知度が挙げられます。やはり有名であればあるほど、その会社を欲しいと思う企業が増えるためバリュエーションが上がります。

すでにその会社が商品やサービスをリリースしている場合、その商品名やサービス名でネット検索をしてみてください。たいていはその会社のホームページが一番に出てきますが、その次はどんな内容が上がっているかを見てみましょう。もしその会社がつくった宣伝や広告のページが続いているなら、まだ認知度が足りません。バリュエーションが上がる会社は、自社のホームページの後に、第3者が配信した記事、たとえば新聞に掲載された記事やテレビに取り上げられた映像などがずらずらと上がってきます。

自分たちのつくった記事ではなく、第3者が作成した記事や映像は認知度を測るのに一番わかりやすい例です。このようなメディア実績があるサービスや商品はバリュエーションが上がりやすいので、投資対象として「あり」だと思います。

一例として、最近私の経営する店で、おでんを天ぷらにした「おでんぷら」という商品をつくりました。その名称を商標登録した後メディアに紹介したところ、テレビ朝日の情報番組で特集され、その後も雑誌やネットニュースでも特集されました。

おでんぷらという名称をつくってたった3ヶ月で、ある大手飲食店からおでんぷらの商標を買いたいと連絡いただき、かなりの額を提示されたほどです。

それくらいメディアの力は強力であり、商品のバリュエーションも上げるのです。

◆PERのチェック

投資先が上場を目指している場合は、バリュエーションを考える際にPER（株価収益率）も確認してください。上場した際のバリュエーション（時価総額）は次の式で計算できます。

ＰＥＲ×当期純利益＝バリュエーション（時価総額）

当期純利益は税金諸々を引いた後に残る利益のことですが、とりあえず利益で大丈夫です。重要なのは式からもわかるようにＰＥＲで、この数字が高いほどバリュエーションが上がることになります。つまり、ＰＥＲは何によって変動するかがポイントなのですが、実は業種によって変動します。

たとえば、建設業はＰＥＲが約13、不動産は約15、サービス業は約35、医薬品は約37と業種によってだいぶ差があるのです。ＰＥＲの数字については、業種別にネット検索すればすぐに出てきます。自分の投資先の業種とＰＥＲを見比べてみましょう。

その他、バリュエーションが上がるかを判断するには、そのサービスや商品の状況を分析する方法もあります。

分析といっても難しいものではなく、そのサービスを使うユーザーが３ヶ月連続して増加しているかや、その商品の売上が3ヶ月連続して増加しているかを調べるだけです。どちらも増加している場合は、バリュエーションが上がる可能性が高いので投資候補とします。

バリュエーションを考える際には、目に見える計算式だけでなく期待度などの様々な要因も確認しておきましょう。

番外編

プロも実践！ エグジットの成功確率を上げる4つの分析方法

7つのルールに沿って投資先候補を選定したら、さらに勝率を上げるために、選定した会社の周りの状況分析をしましょう。これはプロのエンジェル投資家も必ず確認します。

ここまで分析して候補として残った会社は、エグジットできる確率が高い掘り出し物の会社といえます。

①市場分析

一つ目に大事なことは、投資先の市場のポテンシャルが大きいかどうかです。市場が小さい場合は、どんなに優れた会社でも上場することは難しいです。バイアウトを考えるにしても、市場規模が小さいと期待度も上がらないため、値段がつきにくいのが現状です。

基本的には、対象マーケットのサイズはミニマムで500億円以上、もちろんもっと大きいほうがより良いです。市場規模をしっかりと確認してください。

②海外進出

日本企業が海外進出する理由は数多くありますが、主な要因は国内市場の縮小と海外市場の大きさです。

現在、日本ではご存知のとおり少子高齢化に伴う人口減少が続いています。今後もさらなる人口減少が予想されており、国内の人口が減少すれば、それだけ国内の消費量も少なくなるため、市場が縮小してしまいます。

投資先のモデルが日本だけをターゲットにしている場合、将来的な市場縮小はバリュエーションを下げる要因になり得ます。そこで、海外に進出しやすいビジネスモデルかどうかが重要になります。

日本の人口は1億2000万人程度ですが、世界全体で見れば人口は約75億人です。日本は人口減少傾向にあるのに対し、世界の人口は増え続けています。海外進出できれば販路が拡大するため、バリュエーションも飛躍的に上がります。

たとえば、数年前にファンドにバイアウトしたお菓子メーカーがあるのですが、国内での売上は数十億円程度で、海外展開もちょうどスタートした段階でした。

その状況でも、海外展開を始めたことや、海外展開しやすい商品をそれなりに備えていることで期待度が上がり、100億円以上でのバイアウトに成功しました（上場と同じインパクトです）。

このように、海外展開を考えられるビジネスモデルであれば、バリュエーションが上がりやすくなります。最近では、日本の抹茶やほうじ茶が世界中で人気なので、抹茶やほうじ茶のスイーツ系に何かしらのアイデアが足された商品があれば狙い目かもしれませんね。

投資先が世界展開をイメージできるかどうかも考えてみてください。

③競合と戦略

その市場にどれくらいの競合がいるかを確認しましょう。競合がまったくいない場合、そのビジネスはまだ認知されていないため、成長するにはだいぶ時間がかかります。

競合がそれなりにいる場合は、自分が選んだ投資先と比較し、どちらがどのように優れているかを分析してください。

市場が大きく、さらに競合がいれば、様々な戦略を立てることで業界にインパクトを与えることが可能です。どの業界であっても、そのようなベンチャーがエグジットを成功させます。

たとえば学習塾。この業界は、生徒の成績を上げるのが目的のサービス業のはずですが、そこにコミットしている会社がほとんどありませんでした。そこに「合格保証制度」をサービスに掲げる塾が台頭し、この業界の風雲児となりました。今では様々な塾で、成績アップ保証などのサービスがスタンダードになりつつあります。

または「スーパーマーケット」。市場が大きく、大手スーパーが圧倒的に強いなか、あえて大手スーパーの隣に進出し、大手スーパーに置いていない品を揃えることで、お客様は「まずは大手スーパーを見て、そこにない物は隣のスーパーに見に行こう」と頭に浮かぶようで、どちらも大盛況となりました。

この戦略で成長したのが成城石井で、他の業界でも使えそうな戦略です。このように、まずは市場の大きさ、次に競合がいることで、後は戦略次第でスタートアップの成長スピードが上がります。

④商品価格

4つ目に確認すべきことは、その商品やサービスの価格です。市場に対して適正な価格でないとその商品は爆発的に売れないため、かなり重視して見ています。競合の価格と比べてどうなのか？　仮に高いとしたらなぜこの値段なのか？　を自分なりに考えてください。

たとえば、ダイソンの掃除機を分析すると、「普通の掃除機よりも値段は高いが、デザイン性や今までになかった商品でもあり市場に受け入れられるのでは。あの値段なら自分も購入したいので適正と判断しよう」という感じです。

高い、安いで判断するのではなくその商品のポテンシャルを考えて、「自分なら買うかどうか」を基準にして判断するといいでしょう。

番外編

上場（ホームラン）の確度を上げるビジネス分析

エグジットを成功させるために、投資に失敗しないための7つのルール、そしてプロも実践する市場や競合などの分析方法を確認してきました。次は、ホームランを狙うための投資先のビジネスモデルのチェックもしておきましょう。

◆上場（ホームラン）を狙えるビジネスとは？

世の中には色々なビジネスがありますが、上場を狙う場合は、高い顧客生涯価値（ＬＴＶ）を生むビジネスモデルが必要となります。顧客生涯価値とは、顧客が生涯の取引期間でもたらしてくれる利益の合計のことです。

たとえば、投資先のビジネスが建売住宅の販売だとしましょう。売値が４０００万円で、利益は８００万円とします。お客様は一生涯に家を１回しか買わない人が多いと思いますので、顧客生涯価値は８００万円となります。

自動車販売の場合は、利益を１００万円、お客様が一生涯に買う回数を３回とすると、顧客生涯価値は３００万円ということです。投資先を検討する際に、この顧客生涯価値が高いビジネスモデルかどうかを考えるのも重要です。

◆どのようなビジネスが良いか？

上場を考える場合、前述したバズワードといわれているような人工知能、ロボット、ＩｏＴ、ＡＲ、ヘルスケアＩＴ、フィンテックなどの業種に、最近のトレンドのビジネスモデルを組み合わせたビジネスが狙い目です。

①サブスクリプションモデル

最近大流行しているサブスクリプションモデルは、上場を目指すには良いビジネスだといわれています。サブスクリプションとは、毎月一定の金額を支払うことで定期的に商品が届いたり、サービスを受けられたりするモデルです。お客様が解約しない限り会社に利益がもたらされ続けるため、顧客生涯価値も高くなる可能性があります。

たとえば、Netflix（ネットフリックス）などは典型的なサブスクリプションモデルです。彼らはＡＩを駆使して、ユーザーの嗜好《しこう》を２０００にまで細分化しており、解約率を一定の水準にたもつ努力をしています。

欧米でもサブスクリプションモデルのビジネスは山ほどあり、プロのスタイリストやインフルエンサーが選んだ服が定期的に届くサービスや、毎月15ドルで自分の興味のある化粧品のサンプルの詰め合わせが届くサービス、毎月25ドルで芸術作品のレンタルが定期的に届くサービスなど、挙げれば切りがありません。

日本でも定額でラーメン食べ放題など、色々なサブスクリプションが出てきましたね。さらに、ここ10年で社会の考え方が「所有することから利用すること」へと変化しているのも追い風となっています。

自動車などが良い例です。自動車を所有する人が減ったため、毎月一定金額を支払うことで保険も税金もなく自動車を利用できるサービスが生まれました。タイヤでも、タイヤを所有するのではなく、タイヤにセンサーをつけて走行距離に応じて課金するビジネスも生まれています。

このように、時代の流れと共に新しいビジネスが出てきますので、そのトレンドは押さえておきましょう。

サブスクリプションといえば、私が経営している六本木の会員制レストランでも２０１４年から月額５万円で、レストランのサービスはもちろん投資家との情報交換会、エンジェル投資の投資先候補のピッチイベント、上場企業役員との交流会、シャンパンメーカーや日本酒の酒蔵、キャビアの製造会社とのコラボパーティーなど、様々な人脈形成の場を提供するというサブスクリプションモデルの経営をしています。

仮に、このレストランをエグジットさせる計画を立てた場合、どんな計画になるでしょうか？

レストランのキャパが150名でランニングコストが約400万円なので、1ヶ月の利益は350万円程度となります。エグジットするため多店舗展開をし、規模拡大のため1億円程度の資金調達をします。そして、このスタイルで主要都市5ヶ所に新規オープンし、同規模まで育てられれば、1ヶ月の利益が2100万円、年間利益が約2億5000万円となります。

利益は上場基準をクリアしそうですが、ビジネスモデルに新しさがないので上場は厳しそうですね。バイアウトする場合は12億〜13億円程度でしょうか。

このように、サブスクリプションモデルは売上や利益など先の計画を立てやすいのが特徴です。投資先候補がこのモデルを採用している場合は、自分なりのシミュレーションを立ててみるといいでしょう。

②タイムマシンモデル

次に挙げるのは「タイムマシンモデル」といわれるビジネスモデルです。最近では東南アジアなどの発展途上国でよく見られます。

簡単に説明すると、先進国では当たり前のビジネスモデルでも、途上国では今まさに勃興しているビジネスの場合が多く、たとえばｅコマースにしても、ウェブサイト上に形だけはあっても、物流や決済などのプラットフォームが不十分など、ＩＴだけでなく様々なサービスに先進国との時差があります。その時差を利用した経営モデルのことをいいます。

かつてソフトバンクが実践していた、アメリカで成功したウェブサービスやビジネスモデルをいち早く日本国内で展開して利益を得る手法も、タイムマシンモデルの典型です。

私は仕事で海外によく行きますが、ＩＴやＳＮＳの普及で海外の情報がリアルタイムに伝わってくる日本でも、海外のイケてるビジネスモデルが浸透するまでには２～３年の時差があるように思えます。

たとえば、今日本にようやく浸透しつつある、遺伝子検査とダイエットを組み合わせたビジネスも、欧米ではかなり前から展開していましたし、今ではマッチングサイトと遺伝子検査を掛け合わせたビジネスもあります。遺伝子検査の結果、マッチング率97％とか出ると、ちょっと会ってみたくなりませんか？

こんな例もあります。私が教育ビジネスで「合格保証」のモデルをつくった話をアメリカの友人にしたところ、向こうでやらせてくれと言ってアメリカに持っていきました。

彼は現地に合うビジネスモデルにカスタマイズし、アイビーリーグ（ハーバード大学やイェール大学など名門私立大学の総称）への合格保証を掲げ、生徒一人ひとりを分析し、合格可能性を割り出し、それぞれが合格するためにやるべきことを指示して監修するシステムをつくりました。

面白いのは、一人ひとり料金が違うところです。可能性が高い人は指示する作業量が少ないため割安となり、可能性が低い場合は指示が膨大となるため数千万円かかるとのことでした。しかし、不合格ならば返金されるためキャンセル待ちが出るくらい盛況のようです。

このモデルは日本のモデルがアメリカに渡りブラッシュアップされたわけですが、もう一度日本に逆輸入し、日本の過熱しているお受験ビジネスに当てはめたら面白いかもしれません。

このように、海外で成功しているビジネスモデルを現地に合わせてブラッシュアップして展開するモデルは成功しやすく、モデルケースもあるため上場させやすいです。

③CtoCモデル

2018年以降、インターネットやSNSをうまく利用するCtoCのビジネスモデルも盛り上がっています。CtoCとはCustomer to Customer の略で、消費者間の取引のことです。CtoCに対して、法人と消費者間の取引をB(business)toC、法人間の取引をBtoBといいますね。

代表的なCtoCのビジネスとしては、ユニコーン企業のフリマアプリのメルカリやUberが有名ではないでしょうか。最近では、30秒で自分のオリジナルショップが開設できるBASEも上場しましたし、市場規模も年間1兆円と拡大しており、まだまだ勢いはとまりそうにありません。

CtoCモデルのメリットは、売り手が企業に属さなくても自分の物やスキルを気軽に売ることができる点でしょう。スキルシェアサービスで検索すれば、かなりの数のサイトが出てきます。

また、消費者間の取引なので高額な利益を出す必要がなく、商品やサービスをより安く売買できるケースが多いのも特徴です。この理由の一つとして、消費者間取引のため消費税がかからないことも挙げられます。会社が行なう売買には消費税がかかりますが、消費者間では消費税法第5条において課税されませんので、消費税が増税された今では追い風となっています。

デメリットは、そのサイトに信頼性がないと使われにくい点です。いくら便利で使いやすくても、知名度がなければ消費者は安心できないためなかなかサービスを使ってくれません。安心感を創出するためにはＰＲが必要不可欠であり、その費用がかなりかかることになります。

また、最初はユーザーが少ないため、サービスをローンチした直後は収益が低いことも挙げられます。知名度が上がり、人気が出ると収益がでかいビジネスモデルですが、成功するためには資金調達をどこまで実現できるかにかかっているでしょう。

最近はこのモデルが上場していることも多いのですが、投資家がこのビジネスモデルを狙うなら三振覚悟のホームラン狙いになりそうです。

第3章

エンジェル投資先の見つけ方

この章では、スタートアップの経営者とどのように接触するのかを紹介していきます。

最近、「エンジェル投資を始めてみたいが、投資を求めている会社はどこにあるの？」という質問をよく受けます。

数年前までそのような会社はあまり世間に出てこず、経営仲間や先輩後輩の間柄で出資が決まっていたのですが、最近ではクラウドファンディングの台頭など、広く一般投資家から資金を調達しようという動きが活発化してきました。

今のエンジェル投資家がどうやって投資先を探しているのかは、ある程度パターンが決まっていますので、その方法をご紹介しましょう。

1

銀行、証券会社、インキュベーターなどのセミナーの活用

最近では、銀行や証券会社が主催するスタートアップ企業向けのセミナーが頻

繁に開かれています。インターネット検索で「スタートアップセミナー」と検索すれば、いくつかのセミナーが上がってきますので、そのセミナーに参加し、めぼしい企業の経営者と話してみるとよいでしょう。

また最近、ＳＭＢＣグループがスタートアップ支援の拠点を渋谷に開設したことも話題になりました。もちろん、そこでもスタートアップ企業に会えるチャンスはあります。

証券会社もセミナーを開催しており、狙い目なのはＩＰＯセミナーです。このセミナーは株式上場するためにはどうするかといった話が中心になるのですが、参加している企業は本気でＩＰＯを目指している企業ばかりなので、その企業とつながりタイミングよく投資できれば、かなり成功確度が上がります。

同じようなセミナーで、ピッチイベントのセミナーもおすすめです。ピッチイベントとは、短い時間で自分たちの製品やサービスを紹介し、自社の魅力や将来性を投資家に売り込み資金を獲得することを目的とするイベントです。ネット検索をすれば毎月どこかで開かれていますので、タイミングが合うときに参加して雰囲気を見てみましょう。

または、インキュベーターのイベントもあります。ちなみにインキュベーターとは、起業家を支援する事業者のことをいいます。ここ経由のスタートアップは上昇志向が高くて優秀です。

ただし、優秀なスタートアップは他の投資家も狙ってきますから、投資するかどうかを3日以内に決定しなくてはならないこともザラです。とにかくスピードが大事なので、まずはつねに投資できる準備をしておきましょう。私も時間を見ては参加していますが、そこで知り合った企業の数社と意気投合し出資をさせてもらっています。

他のイベントとしては、エンジェルカンファレンスなども有名です。そこでは、経験豊富なエンジェル投資家の優れた実践例を共有し、これからエンジェル投資家を目指す方々の投資手法やリスクに関する理解度を深めていくことで、国内のスタートアップ支援環境の質と量の充実を目指していこうという趣旨でイベントを開催しています。新人のエンジェル投資家の方には勉強になるはずです。

2 Facebook、Twitterの利用

エンジェル投資家で検索すると、日本の有名なエンジェル投資家が数名ヒットします。その人たちはたいていFacebookやTwitterを利用していますので、友だち申請やフォローをしてみましょう。

コツはまずメッセージを送ることです。自分がエンジェル投資家であること、どのような分野に興味があるかの説明、勉強のために申請したい、色々と教えてほしいといった内容のメッセージを送ると、承認確率が上がります。

私の経験によると、60歳以上の方はボランティアフェーズに入っており、色々と人に教えてくれる方が多いです。このように、若者にスキルを継承してくれる方は確実にいますので、勇気を出して友だち申請するとよいです。

また、承認されたらじっくりと記事の内容を確認してください。かなり深い知識と貴重な情報が書かれていることも多いので、きちんとメモを取り、他の投資家と会う際にその内容を話せるように自分のものにしましょう。

その人たちがセミナーやイベントを開催することもあるので、タイミングが合えば参加してください。その際に、名刺交換や会話のチャンスが必ずありますので、そこでFacebookの話をして意気投合できればしめたものです。あなたを成功に導く優秀なエンジェル投資家仲間ができます。

3 エンジェル投資サイトの利用

ここ2年ほど、スタートアップ企業とエンジェル投資家をマッチングさせるサイトが人気になりつつあります。このサイトを使うことで、資金を欲している経営者に直接会うことができますので、第2章の投資ルールに沿って投資に値するかをチェックしていくとよいでしょう。

そのようなサイトとしては、スタートアップリストやクラウドエンジェル、エンジェルファンドなど、投資家が無料で登録して利用できるものもあります。登録している起業家は、事業計画もネット上で公開している方もいるので、色々な事業計画を吟味してみると面白いです。

注意したいのは、やはりネットなので情報の質が玉石混淆（ぎょくせきこんこう）であることです。そのため、勢いで投資を決めたりせず、慎重に判断することが重要です。

4 会員制クラブの活用

あなたが経営者であれば、会員制の経営者クラブや交流会などを活用することもできます。

日本には経営者向けの交流会がいくつもあります。

たとえば、私が尊敬している経営者の一人で、元イヴ・サンローランやウブロ日本法人の代表である高倉豊さんなども参加されている「いかしあい隊」という交流会では、様々な経営者が集まり投資情報なども盛んに飛び交います。

また、ファーストヴィレッジが運営する「経営者倶楽部」も大小様々な会社が登録していますので、情報を得るという意味では利用して損はないです。

売上1億円以上あれば入会の権利を得られる「EO Japan」は、上場会社の社長も参加しており、ネットでは得られない情報を聞けるので、その意味でも重宝する会です。

私は20代の頃から、このような交流会や会員制クラブに登録してきました。特に私の投資人生を激変させたのが、かつて西麻布にあった会員制のレストランでした。

もともとは、ＩＴ企業の社長たちの隠れ家としてつくられたのですが、会員はスタートアップのベンチャー企業社長から老舗の上場企業の社長など、様々な方が登録されていました。

そこでは毎月交流会のようなものを開催していましたが、有名なＩＴ企業の社長をはじめとする当時の「時の人」や、日本を代表する会社の社長などが集まり、様々な情報交換をしていました。

私は、そこのオーナーと仲良くさせていただいた縁もあり、ほとんどの会員の方をつないでもらいました。

その甲斐《かい》あって、日本を代表する会社の社長たちと今でも交流を持てていることは、私の財産の一つになっています。

そのレストランは惜しまれつつ閉店してしまいましたが、私にとってはベンチャー企業の社長と先輩経営者との架け橋となる大切なお店でしたので、2014年に六本木で同じコンセプトのレストランをオープンさせました。前述した会員制レストランがそのお店です。

当時の会員の方にも多く入会していただき、様々なピッチイベントや投資の情報交換などを実施しています。あなたがエンジェル投資家デビューをされた際には、ご興味があれば弊社ホームページの「読者プレゼント」ページをご覧ください。

さて、紹介してきた交流会などはもちろん無料ではありません。無料で得られる情報には無価値なものが多く、自分でお金を払い、学ぶために行動した人だけが価値ある情報を手に入れ成功に近づくと思うので、まずは色々と情報を調べてみて、これはと思うところを利用してみましょう。

5 シェアオフィスとの提携

働き方改革の推進と共に日本にも多様な働き方が広まっており、シェアオフィスやコワーキングスペースを活用している経営者も増えてきました。経営者同士が交流を図り、コミュニティを形成することでビジネスを後押しするなどのメリットから、法人利用が加速しているようです。最近色々な意味で話題だったWeWorkなどが有名ですね。

そのようなシェアオフィスを利用している会社はどういう会社でしょうか？ほとんどの場合、まだきちんとしたオフィスを借りる規模ではない会社です。そのなかに、キラリと光るダイヤの原石がある可能性もあります。

そこに目をつけた私の友人の投資家は、シェアオフィスを運営しているオーナーをネットで調べ提携を打診しました。シェアオフィスにいる経営者とのピッチイベントを共同でやりたいという提案です。優勝者に100万円を出資するというイベントを開催し、好評なら毎年開催するというものでした。

シェアオフィスのオーナーも、最近は近隣にシェアオフィスが増え、借り手を見つけるのに苦労されているとのことだったので、そのような魅力あるイベントがサービスとして加わることはメリットでしかなく大喜びだったそうです。

エンジェル投資家とシェアオフィスとの提携はまだ多くはありませんが、今後はブームとなる予感がしています。

6 学生団体

アメリカではスタンフォード大学など、起業家のサークルがある大学が多いです。部活動で実際に会社をつくっています。それなりにレベルの高い人がやっていますので、そういう人をエンジェル投資家はマークしています。

日本の大学にも東大を中心に起業サークルが増えています。大学の学園祭などでイベントを実施していますので、そのようなイベントで声をかけてみるのもありです。

意外に思うかもしれませんが、そのような場所でエンジェル投資家に会うことはよくあります。

投資先の発掘も若年化している傾向を感じますね。

7 投資仲間をつくる

ご紹介している内容を実行していただければ、投資について話せる仲間ができてくると思います。

エンジェル投資をしていく上で投資仲間をつくるのは非常に重要です。投資仲間がいれば、自分一人で情報をすべて集めなくてもよく、仲間同士で情報を共有することができます。

仲間がさらに仲間を紹介してくれることもあります。そのなかに一度エグジットを経験している有名な投資家がいたらラッキーです。そういう人にはさらに厳選された投資情報が入ってきますので、そこに一緒に投資できれば成功しやすいのはいうまでもありません。

出来レースではと思ってしまう案件に遭遇することもあるでしょう。以前友人の投資家から、あるスタートアップのゲーム会社に出資をしないかと誘われたことがありました。

私はゲームに疎いのですが、誘ってくれるからには何か意味があるのだろうと思い、詳しく理由を聞くことにしました。

その理由を聞いて、当時はひどく驚いたのを覚えています。どんな理由かといえば、そのゲーム会社は「売上とユーザー数がここまでいけばこの金額で買い取る」という覚書がすでに大手ＩＴ会社と交わされていたのです。しかも、そのＩＴ会社が仕事も発注してくれるという特典付きです。

それを聞いて、話がうますぎると感じたのですが、本当ならリスクが極めて低いと考えてすぐに出資しました。

結論からいえば、1年後に無事バイアウトでき、利益を出すのに成功しました。

世の中にはこんなうまい話もあるのだなと大変勉強になったのを覚えています。

ですから私は今でも率先して投資仲間を探していますし、あなたもいち早く自分の投資仲間をつくることをおすすめします。

8 株主名簿の利用

投資仲間が増えていけばいくほど、自分で動かなくても掘り出し物の情報も増えてきます。ただ、つねに情報をもらう側だと周りに毛嫌いされて、いずれ情報が回ってこなくなります。

やはりこの世界もギブアンドテイクですから、自分からも情報を発信できるように準備しましょう。

あなたがすでにエンジェル投資を1社でもしていたなら、情報を集める簡単な方法があります。

それは株主名簿を利用することです。

あなたが出資した会社には、もちろんあなた以外にも出資した人が存在します。その人にSNSでアプローチして、情報交換を提案するとよいでしょう。連絡する際は「一緒に投資している投資先について色々とお話できればと思い連絡しました」程度のメッセージでかまいません。

◆実際に会う際には

メールで約束を取り付けたら、話すことをある程度決めておきましょう。

「どんな会社に投資しているのか？」

「なぜその会社に投資したのか？」

「最近はどの分野に興味があるのか？　それはなぜか？」

など、今後のエンジェル投資の参考になりうる質問が重要です。

もちろんあなたも自分の投資先の説明をできるようにしておきましょう。

また、その方が投資していない会社にあなたが投資をしていた場合は、その会社の説明と興味があれば経営者と引き合わせる旨を話すと喜ばれることもあるので、自分の持っているカードをうまく利用してください。

第4章

戦略的エンジェル投資

エンジェル投資をする上で、第2章のルールに従って投資先を選定したら、次は投資戦略が必要になります。選定した投資先にやみくもに投資するのではなく、自分の投資戦略のルールを決定しましょう。

1 投資期間の選定

エンジェル投資は普通の投資とは異なり、自分で株を売買することはできません。エンジェル投資で利益が確定するのは、投資先がバイアウトするかＩＰＯするかのどちらかのときになります。

投資期間としては、バイアウトの場合は2~3年が平均で、前述のＣＶＣからの資金調達があるときは最短で1年~1年半程度でバイアウトできる場合もあります。ＩＰＯの場合、すべてが順調に進めば最短で3年でエグジットできますが、たいていは色々な問題も生じるはずなので、4~6年くらいかけて上場するのが一般的です。

投資期間をまずは3年とし、バイアウトしそうな企業を中心に出資しつつ、一発ホームランのIPO企業もいくつかピックアップしていくのが賢い戦略といえます。

2 できるだけ小予算で勝負すべき

エンジェル投資は気長な投資ともいえるため、自己資金をMAXでつぎ込む投資には向きません。むしろ使い途《みち》がないような余裕資金で投資するくらいがちょうどよいと思います。また、エンジェル投資は投資ルールに沿って投資したとしても、勝率はだいたい1勝9敗か2勝8敗程度に落ち着きます。

投資先がどうなっていくかはだいたいパターンが決まっていますので、そのパターンもご紹介しましょう。10社に投資した場合、

パターン①

1年以内に倒産する会社が7～8社です。たいていのベンチャー企業は死の谷を越えられず消えていきます。

パターン②

2～3年以内にバイアウトする会社が1～2社です。この場合は10社に投資した金額がプラスになって戻ってきます。2社ヒットが出れば、約2～3倍以上の儲けが確定します。ヒットを打った後は、再度10～20社を選定し、最終的にホームランを狙いにいきます。

パターン③

4～6年でIPOする会社が約20社に1社出てきます。おめでとうございます。ホームランです。億以上のお金を手にすることができるので、エンジェル投資を同じスタンスで継続しつつ、資産運用をしていくことになります。

いかがでしょうか？　エンジェル投資はコツコツと投資先を選定してホームランを狙う投資です。投資の原則に従い、気長に投資し続けるのが正解です。

3 最適な年間の投資数とは

エンジェル投資に限らずどの投資でも、投資先候補とはできるだけ多くミーティングをし、実際の投資はできるだけ最小限にすべきというのが投資の基本です。いざ、様々な企業とミーティングをすると、「あれもいい」「これもいい」となりがちですが、あれこれ投資をしていたら資金がいくらあっても足りません。

エンジェル投資の場合、最適な投資数は前述しましたが10社程度をおすすめします。一度投資するとある程度結果が出るのに2~3年かかるため、1年ごとに数社ずつ投資する戦略でもかまいません。

もちろん、1年間で10社まとめて投資する戦略でもかまいません。ただし、10社以上の投資はある程度投資になれるまではおすすめしません。初心者は自分の感性で投資をしてしまい、選定する会社が似たり寄ったりな場合もよくあります。

エンジェル投資をしていくうちにエンジェル投資家の人脈も増えてきますので、まずは2~3社程度投資をし、人脈から情報を得ながら次の投資先をじっくり考えるのがセオリーです。

4 少ない元手資金でエンジェル投資をして資産を築くコツとは？

少ない元手（30万円～）で投資する場合は、いきなりホームランを狙うのではなく、確実にヒットとなりそうな会社を狙いましょう。ヒットとなりそうな会社を選別するには、投資先候補の経営者に直接聞くのが早いです。

会社をＩＰＯさせるのを狙っているのか、手堅くバイアウトを狙っているのかをきちんと確認してください。その答えがバイアウトだった場合、どの辺りの企業が買収してくれる可能性があるのかも質問してみましょう。

論理的にきちんと説明できる経営者も少なからずいますので、そういう会社をまずは選定します。または、ＣＶＣが出資を検討しているという旨の回答があれば、そこも要チェックです。

後は、チェックした会社に本書の投資ルールを判断基準として適用し、ＯＫであれば投資してみましょう。エグジット成功の確率は間違いなく上がります。

5 バイアウト型の会社とＩＰＯ型の会社との出資割合を考慮

さらに、エンジェル投資で自分の資産をできるだけ減らさずに手堅くチャレンジしていく場合は、バイアウトを目指す企業の投資をより厚めにしてください。

ＩＰＯを目標にしている会社とバイアウトを目指す会社は、経営方法がまったく異なります。ＩＰＯを目指す会社は極端な表現をすれば、「ＴＨＥ・ど・ベンチャー企業」という感じです。

会社の売上よりも、今どこにも存在しない世の中にインパクトを与えるプロダクトを生み出すことで頭がいっぱいです。ですから、プロダクトができるまでは、会社が赤字を垂れ流し続けても気にしません。

たいていは1期目に数千万円の赤字、2期目も赤字、3期目に黒字化できれば上場準備をしてIPOという流れになります。1期目、2期目の赤字を資金調達でまかなえるかが勝負ですね。

最近上場したITセキュリティ会社の例だと、1期目1億円の赤字、2期目4000万円の赤字、3期目1500万円の黒字、4期目1億円の黒字で上場しました。上場した時点での売上は6億円程度でしたが、会社のバリュエーション(時価総額)は250億円もつきました。

一方、バイアウトを目指す会社は手堅く利益を上げていく経営になります。会社を高くバイアウトするには、「利益を上げること」と「のれん代」を上げることが重要になるからです。のれん代とは簡単にいえば、その会社の知名度などの目に見えない財産です。会社が有名であればあるほど、その会社を高値でも欲しいと思う会社が出てきます。

会社の価値を調べる簡易計算式は、前述したとおり「会社の利益×5年+会社の資産」で算出します。

たとえば利益1億円、資産5000万円とすると、1億円×5年+5000万円で5億5000万円が会社の値段です。この値段にのれん代が足されます。本来は5億5000万円ですが、のれん代として会社の知名度や優秀な人材やライセンスも加味されてより高く売れることもよくあります。

ＩＰＯ型とバイアウト型の経営がまったく違うことが理解していただけたかと思いますが、バイアウト型は地道にコツコツと経営していくタイプのため、ルールに沿って選んだ会社なら手堅くバイアウトできる会社も多いはずです。

ＩＰＯ型は、資金調達もそうですが、そもそもプロダクトができない可能性もあるので、ある意味ギャンブルみたいなものです。

ですから、10社に投資するとしたら7社はバイアウト型、3社はＩＰＯ型に投資するなど、バイアウト型を厚めに手堅くいくのが正解です。バイアウト型を一つ当てれば10社に出資したお金がプラスで戻るので、もう一度チャレンジできる算段です。

6 エグジットを支援するコンサルティングファームをチェック

会社のＩＰＯやバイアウトの支援を専門とするコンサルティングファームが存在します。投資先にそのコンサルがついていると、エグジットの確率が飛躍的に上がります。

弊社も自社で投資をし、さらにコンサルティングも実施してエグジット成功の確度を上げるビジネスをしていますが、弊社のような会社はいったいどんなコンサルティングをしているのでしょうか？

コンサルティングの内容は多岐にわたりますが、基本的にやるべきことは４つあります。まずは会社の知名度を上げるためのＰＲ活動です。どんなに良い商品でも、その商品が知られていなければまったく売れません。

売るために百貨店やスーパーなどに置いてもらおうとしても、知名度がないと話も聞いてくれません。ですからまずは商品をＰＲして、認知してもらう必要があります。

次に行なうのがアライアンスです。ある程度知名度が上がってくれば、この商品とコラボしたいという会社も出てきます。そのような会社を見つけて、アライアンス契約の段取りをするのも仕事です。

また、重要な仕事として資金調達の斡旋があります。会社はお金がある限りはつぶれないので、売上と利益が上がるまでは資金調達さえできていれば問題ありません。様々な投資会社やベンチャーキャピタルをアテンドして、資金調達に向けてのサポートもします。

最後に、バイアウト型の場合は買収したい会社の候補も選定します。コンサルティング会社は様々な会社とやり取りがあるため、シナジーが効く会社を探すのも得意です。買収先候補を選定した後、バイアウトする際にはM＆Aアドバイザーにバトンタッチします。

エンジェル投資を受けた会社でも80％以上の会社が1年で倒産していきますが、弊社のようなコンサルティングファームが入っている会社は、1年以上の存続率が3倍以上にはね上がるというデータもあるため、投資先選定の参考にしてください。

7 投資先の会社に必ず実施させること

通常、投資した会社があなたに連絡してくるのは、年に一度の決算報告くらいです。たいていはその会社がＩＰＯかバイアウトするまで、連絡が来ることはありません。それでもさほど問題はありませんが、もしあなたに比較的時間があり、決算書を読める方なら次の２つを要求してみましょう。

◆月次報告書

会社の毎月の売上や損益がわかる資料のことです。月次報告書があると、今の会社の状況がほぼ把握できます。ＩＰＯを目指している会社であれば、月次報告書をつくるのは当然なので、きちんと確認をしておきましょう。

さらに、ものをいう株主のようにより詳しく現状を知りたいという方は、確認事項として以下の情報も追加しておきましょう。

まずは現預金の額です。月次の報告書にも載っていますが、この項目は最重要です。どんなビジネスでも現金が足りていれば倒産することはありません。毎月どのくらいの現金があるかを確認しておけば、いつ次の資金調達をすればよいかなど、会社の動きもある程度把握できるので確認しておくべきでしょう。

次に、毎月成長戦略をアップデートさせて報告させましょう。特に、前月のネガティブ要素は詳細を書かせるルールにしておくと、会社の状況がよりわかります。

たいていの経営者はポジティブであり、自社のポジティブ要素ばかり話す傾向にあるため、あえてネガティブ要素を聞くことで、投資家が状況を理解できるだけではなく、経営者も自社の状況を理解するという利点があります。

◆株主総会

年に一度、または二度、株主総会を開き、今の会社の進捗を報告してもらいます。その際に様々な株主の方もいらっしゃるので、情報交換の場としても最適です。総会が終わった後に、会食などで親交を深めて、お互いにプラスとなる人脈や情報を交換し合うのは非常に有意義です。

私もできるだけ株主総会には出席し、色々な方と親交を深めるよう努めています。時間に比較的余裕のある方はぜひ試してみてください。投資に非常に役立つことがわかってもらえるかと思います。

8
エンジェル投資家が出資する以外でやるべきことは?

プロローグでは、エンジェル投資家は出資以外ほとんどやることがないと書きましたが、投資先の経営者が、それ以外のことも望んでいる場合もあります。

たとえば、エンジェル投資家にはもともと経営者として実績のある方も多く、そのネームバリューを利用することで会社の信用度が増す可能性があります。

私の知っている有名なエンジェル投資家は、出資しなくてもその人の名前を株主名簿に載せたい起業家が多数いるため、株を譲渡されることがあるそうです。その人の名前が株主名簿に載るだけでさらに投資家が集まるので、有効な戦略かもしれません。

また、エンジェル投資家が持っている人脈や過去の経営経験からの助言など、会社にとって有益なサポートを受けられることも期待しています。なかには社外取締役に就任するエンジェル投資家もおり、会社の経営により深く関わる人もいます。

もしあなたが、投資先が自分の得意分野で投資先にとって力を発揮できるなら、社外取締役として協力することで、より早くエグジットが達成できるかもしれません。

◆どこまで経営に口を出すべきか?

投資先にとってメリットのある助言ならばよいのですが、望んでもいないのに会社の経営に口を出してくるエンジェル投資家も存在します。彼らとしては良かれと思って親切心から助言しているのかもしれませんが、起業家にとっては不満を感じる意見もあるようです。

私の投資先の企業でも、リタイアしたある有名な経営者も出資をしていたのですが、時間をもて余していたのか毎日のように会社に顔を出し経営に首を突っ込んでくるため、嫌気がさした役員や社員が辞めていくという事件がありました。

投資先の企業の株は上場していないため、簡単に売買はできません。つまり、一度投資家が株を手にすると、手放してもらうのも容易ではありません。結局、その方の株を買い取って株主から抜けてもらうために私も尽力し、経営者と共にかなりの時間をかけて説得しました。

エンジェル投資家は投資先の経営者ではありませんから、メリットになる程度でほどほどに関与するのがベターではないでしょうか。

第5章

エンジェル投資の実務とは

1 投資実施日

実際に経営者と面談し投資の検討に入ったら、先方に確認すべきことをチェックしましょう。

スタートアップの資金調達にはそれぞれ調達期間の計画があり、いつまでに契約をし、資金を振り込めばよいのかが決まっています。真剣に検討する場合は、まずはその期間を確認しましょう。

2 検討のスピード

前述のとおり、調達期間のスケジュールは決まっているため、スタートアップ企業は様々な投資家に話を振っています。

検討が長引きいつまでも待たせてしまうと、「あの人は決断が遅い」と悪評につながる可能性もあるので、いつまでに判断すればよいかを確認し、できるだけ早めに決断し、投資見送りの場合でもすぐに連絡してあげましょう。

エンジェル投資の世界は想像以上に横のつながりがあるので、誠実な対応を心がけてください。

3 エンジェル税制

投資先がエンジェル税制に対応している会社かどうかを確認しましょう。

あなたが法人で投資する場合でも個人の場合でも、エンジェル税制はうまく活用したほうが得です。また、エンジェル税制に対応している企業ということは、ある程度会社として整備されているともいえるのでポイントは高いです。

◆知らなきゃ損！ エンジェル税制の活用

エンジェル投資家としてデビューしたなら、エンジェル税制をおおいに活用しましょう。

エンジェル税制とは、投資家が一定の条件を満たすベンチャー企業に投資をした際に支払う税金を優遇する制度です。新興企業の成長促進のために整備された投資優遇制度で、資金調達したいベンチャー企業の経営者にとっては、エンジェル税制を活用することで投資家に投資を打診でき、事業成長の大きな手助けとなります。どれくらい優遇されるかは次のとおりです。

優遇措置A

ベンチャー企業への投資金額から2000円を差し引いた金額が、その年の総所得金額から控除されます。ただし、総所得金額×40％か1000万円のいずれか低いほうが控除対象の限度額です。

優遇措置B

その年の、他の株式を売買して得た利益から、ベンチャー企業に投資した金額のすべてを控除します。控除対象となる投資金額に限度はありません。

注意が必要なのは、投資を受けるベンチャー企業に一定の条件があることです。エンジェル投資する際には、先方にエンジェル税制が使えるかを確認しましょう。

◆エンジェル税制の有効活用

私の友人にかなりの美食家がいるのですが、彼もエンジェル税制を有効に活用している一人です。彼はミシュランで星がついている様々なお店に足繁く通い、ほとんどの店で常連客になっています。もちろん各店の料理長《シェフ》とも仲良しです。

そんな彼のところに、その料理長たちが独立を考えるタイミングで必ず相談に来るそうです。彼はそのような料理長にあるスキームで資金を提供し、すでに3店舗を独立させています。そのうち2店舗はミシュランで星も取っています。

いったいどんなスキームなのかといえば、それがエンジェル税制です。

簡単にスキームを説明すると、まずは彼の周りの投資家を10名ほど集めます。料理長が独立し、ミシュランで星を取るレベルの店にするには、内装費や人件費など1億円程度の資金が必要です。このお金を投資でまかなってしまうのですが、投資家はほぼ損をしないようになっています。

10名の投資家に一人1000万円を出資してもらうのですが、エンジェル税制を活用することで、彼らの総所得の40%か1000万円までが控除対象になるため、実際は税金として支払うお金を投資に回せることになります。

「どうせ税金でなくなるお金なら投資に回したい」という投資家はかなりの数いるようで、彼はこのスキームで手数料も取りつつ、お店も優先的に使えるとのことでした。

このスキームは応用も利くので、読者同士でエンジェル投資仲間をつくって色々と仕掛けてみるのも面白そうですね。

4 契約書の締結

本書のルールに沿って検討し投資先を決定したら、さっそく契約を巻いていきます。

契約でまず必要なのは、投資契約書の締結です。そこには募集株式の種類や募集株式数、募集株式の一株当たりの振込金額などが載っています。

基本的には投資先が契約書を用意してこちらで確認するのが通例ですが、契約書はきちんと自分の目で確認しましょう。できるだけ自分の味方である弁護士にチェックしてもらうのがよいのですが、顧問弁護士がいない場合は、巻末（192ページの参考資料①）の投資契約書の雛型と見比べて、著しくおかしな箇所がないか確認してみてください。

特に気をつけるべきは募集株式の種類です。

たいていは普通株式、つまり特殊な権利が一切設定されていない株式になっているのですが、それが権利を制限されている株式になっている場合もあるので、そこは確認しましょう。

また、ベンチャーキャピタルなどからの出資では、普通株式ではなく優先株式になっている場合があります。これは投資先から配当が出た場合、まずは優先株式の株主に配当がいき、残りを普通株式の株主で分けることになります。

ベンチャーキャピタルのほうが出資する金額も大きいのである意味仕方ないのですが、こちらも最初から優先株式で調整してくれるように交渉してもよいでしょう。

ちなみに、株式にはさらに様々な種類があり、なかには2000万円出資をするが、買い戻し請求ができる権利がついており、その場合は1・5倍で買い取ることを要求できるといった、出資者にかなり有利な株式なども存在します。

出資をする前に、株式については今後のラウンドでどのように調達する予定か、資本政策を経営者に確認する必要があります。

次に必要な契約書は、募集株式の総数引受契約書です。この契約書も通常は投資先が用意します。これは、何株を割り当てるという主旨の確認なので、割合株数が合っているかを確認してみましょう。巻末（198ページの参考資料②）も参照してください。

最後が株主記載事項証明書の確認です。いわゆる株主名簿のことです。株主名簿にご自身の名前と株数、株の割合が載りますので確認しましょう。この株主名簿を使って今後のエンジェル投資仲間をつくることも可能なので、きちんと株主全体を把握しておきましょう。

5 資金振込

すべての契約書を確認したら投資金を振り込みます。振込を双方が確認した後に、捺印された契約書など一式をお互いに管理して取引が終了となります。

後は投資先の毎年の決算書や株主総会などを待ちましょう。

6

知っておきたい投資の裏技

投資先のなかにはもちろん上場だけを目指している会社もあり、そのような会社は上場前に多くの株主を入れるのに否定的な場合もあります。特に出資が集まりやすい人気の会社はその傾向が強いです。

理由はいくつかあるのですが、そもそも人気の会社ですから30万円などの少資本の出資は必要なく、一口1000万円でも出資が集まる場合や、株主が増えることで書類や契約書の数も増えますし、万が一反社会的勢力が交じっていたら上場できないため反社チェックもしなければならず、業務が煩雑化するのを嫌う場合などがあります。

そういう会社ほど「どうしても投資したい」という人も多いと思います。どうすれば投資できるのか？　それはエンジェル投資仲間と協力することで可能になります。

たとえば一口500万円しか受け付けない会社だとしたら、仲間内でまとめて500万円を投資し、利益が出たら配当を株主に応じて分配すればいいのです。投資を1ヶ所にまとめることで、投資先も契約書はその株主一人ですみますし、反社チェックでのリスクも下がります。

投資のまとめ先は仲間同士で合同会社を設立してもよいですし、有力なエンジェル投資家がいればそこでまとめてもらう形でもかまいません。ちなみに、合同会社は15万円以下で設立できますので、みんなで割れば費用はそれほどかかりません。

合同会社をつくるにしろ、他の投資家にまとめてもらうにしろ、その契約書はきちんと巻く必要があります。

巻末（200ページの参考資料③）にその雛型を載せておきますので、それを参考にして投資案件ごとに改編してもらえればと思います。

第6章

エグジット後の戦略構築

見事エンジェル投資で投資先がＩＰＯかバイアウトを成功させた場合、あなたにはかなりの額が振り込まれます。

バイアウトの場合は、再度エンジェル投資をしてホームランであるＩＰＯを狙うのがセオリーですが、ＩＰＯした場合ですと、エンジェル投資にいくらか回したところで、まだ億単位のお金が手元に残ります。

よく宝くじを当てた人が最終的に破産してしまうという話を聞きますが、この現象はお金の知識がないと起こる確率が高いです。

この章では、いかに自分の資産を守りながら増やしていくかを詳しく解説していきます。

1 税金について

エンジェル投資で利益を出した場合、当然その利益に対して税金がかかります。

税金といえば、「半分持っていかれる」と考えている人も多いのですが、それは所得税の話で、エンジェル投資の税金とは別物です。エンジェル投資の利益にかかる税金は株にかかる税金なので譲渡益課税になります。

譲渡益課税の税率は所得税15・315％、住民税5％の申告分離課税となります。ちょっと表現が難しいですが、とりあえず利益に対して約20％の税金がかかると覚えておけばＯＫでしょう。

2
なぜ宝くじ当選者が破産してしまうのか？

宝くじで3億円や6億円などの巨額の富を得たはずなのに、数年後には破産してしまう方が少なからずいます。ある調査によれば、宝くじの1等当選者の約7割が破産してしまったというデータもあるようです。彼らはなぜ破産してしまうのでしょうか？

これには多くの人が当てはまる共通の答えがあります。それは、お金を増やす金融の知識に乏しいということです。普通のサラリーマンの方が宝くじを当てると、次のような考えになるのではないでしょうか？

「まずは、仕事を辞めよう。1億円くらいは親や家族に分けるかな。毎日2000万円くらいの高級車を買って、2億円くらいの豪邸に住みたいな。毎日美味いものをたらふく食べて、海外旅行にも行って、ブランドの服とか、時計とかも2000万円くらい買いたいな。残りは貯金をしておけば大丈夫かな」と、だいたいがこんな感じではないでしょうか。

実際にこうした行動を続けてしまうと、かなりの高確率で破産することが予想できます。これはなぜでしょうか？

答えは簡単で、前述したとおり金融の知識に乏しいため、お金を生む「資産」を購入していないからです。「豪邸や高級車や時計などを買っていたら、それは資産じゃないの？」と思われた方は要注意です。なぜなら、金融の世界では持ち家や車は資産ではなく、負債と判断することがほとんどだからです。

より理解していただくために、資産と負債の定義を考えてみます。定義としては、資産とはキャッシュインフロー（収入）を生み出すものです。負債とはキャッシュアウトフロー（支出）を生み出すものです。

こう考えたとき、持ち家を買った場合にはキャッシュインフローがあるでしょうか？　売却しない限り収入になることはありませんよね。むしろ、高級物件であればあるほど、固定資産税など諸々の維持費がかかり、その分キャッシュアウトフローを生み出すことになってしまいます。

売却をすればもちろん、多少価格が下がっていたとしても、キャッシュインフローは出るのですが、持ち家を売却した後は、次の物件をすぐに購入するか賃貸物件を借りるかを選択することになります。結局キャッシュアウトフローになるため、トータルで見るとお金は出ていくだけになるのです。

高級車や時計も同様です。維持費がかかるだけで、売却しない限りはキャッシュインフローを生み出しません。このように、当選金をこれら贅沢品に使ってしまうと収入を得ることができず支出ばかり増え、さらに仕事を辞めていた場合、収入がまったくなく本当に支出だけとなるため、そのままだとやがて破産することになります。

「それでもまだ貯金があるから大丈夫なのでは?」と考える方もいるでしょう。

しかし、今まで大金と縁がなかった人が大金を手に入れ、豪邸や車の負債に手を出し、さらに海外旅行や豪華な食事、またはキャバクラやクラブなどに散財することで金銭感覚がくるってしまうのはよくあることです。

急成長して急に売上が伸びた経営者ですら散財してしまい倒産した話などごまんとあるので、サラリーマンの方ならお金の魔力に負けるのはある意味当然なのかもしれません。

豪華な生活を続けていたら年間2000万~3000万円はとんでいきますので、5年も持たずに破産してしまうかもしれません。エンジェル投資でせっかく利益が出たのに結局すべてを失っては元も子もないので、最低限資産を守るための手段を身につけておきましょう。

3 自分に必要なお金を逆算する

私が主宰するセミナーの参加者は経営者の方が多いのですが、毎回お聞きする質問があります。それは「皆さんはいくら欲しいですか？」という質問です。大半は「年収1000万円以上」とか「月に500万円あれば」などとお答えいただくのですが、その考えではいつまでたってもお金に縛られてしまいます。

私は皆さんに、月とか年単位で欲しいお金ではなく、自分が死ぬまでにいくら必要かをシビアに考えて把握しておくことを求めています。そのためには、死ぬ年齢から今の歳までの逆算が必要になります。

たとえば、後50年で死ぬと仮定しましょう。次に、何もせずに毎月いくらあれば楽に生活できるかを考えてください。ここでは切りよく100万円にしておきます。すると、死ぬまでに必要な額が算出されますね。50年×12ヶ月×100万円＝6億円が必要となります。

この話をすると、「年収1億円なら数年で貯まりそうだ」と勘違いする人もいます。日本には税金が存在します。累進課税で収入が高い人ほど税金を取られますので、1億円の収入だとざっくり計算して半分は税金に持っていかれます。残り5000万円として、生活費のほかに年収1億円の人が少しも贅沢しないことはあり得ませんので、おそらく貯金できて年に2000万～2500万円でしょうか。6億円貯めるのに24～30年かかってしまいます。

税金など、このような考えが頭にあれば、年収だけで生涯のお金を貯める考えは無謀だと気づき、エンジェル投資でお金を貯める考えにシフトするのではないでしょうか。

「そうはいっても6億円も当てるのは大変そうだ」と思った人。エンジェル投資でIPOのホームランを引き当てても2億～3億円程度です。2回当てないと届かないため、確かにこのままでは大変そうです。しかし、金融の知識が多少あれば、2億～3億円で十分同じ生活が可能です。

4 おすすめの投資とは？

投資にも様々な投資がありますが、素人でもできる投資として、私は債権投資をおすすめします。しかし、債権は少額でやるものではなく、５０００万円くらいからやらないとあまり旨味がないため、エンジェル投資でホームランを打ってから債権投資をするのがよいでしょう。

◆債権投資とは？

債権とは簡単にいうと、国や企業が投資家から資金を借りるために発行する有価証券のことです。よく日本国債とかを耳にしたことがあるのではないでしょうか。

国や企業が資金を借りる代わりに、定期的に利息（クーポン）が支払われるのが一般的で、満期になると全額戻るので安心感もあります。リスクは、国や企業が破綻したらお金が戻らないことですが、国も企業もきちんと格付けを見て判断すればそう簡単に破綻はしませんし、投資期間も3年程度を選べばより安心です。

債権には、今説明した利息のつく「利付債」の他にも、割引債や劣後債などの種類もあるのですが、一般的な利付債を選びましょう。また、金利が高すぎるのは破綻するリスクが高いので、新興国の国債はやめたほうが無難です。

おすすめは次節で紹介するプライベートバンクを活用し、海外社債を選ぶ方法です。金利も6％前後で会社の格付け評価も高いものが多いので、日本の債権よりも利益を出しやすいのが特徴です。

また、プライベートバンクなら円をドルに替える手数料も無料のところがあるので、手数料を気にすることなく運用できます。

仮に2億5000万円を運用した場合、金利が6％なら利息が1500万円、税金約20％を引くと1200万円となり、月100万円を手にすることとなります。

これは単なる一例ですが、金融知識が増えれば、さらに有利な資産運用も可能なので、プライベートバンクをうまく利用しながら地道に知識を積み重ねるのが結局は資産運用の成功の近道となります。

5 プライベートバンクとは？

　投資をしたことがない人がいきなり自己流の投資をすると、プロに鴨ネギと判断され、資産を減らすことになります。ある程度エンジェル投資で資金ができたらプライベートバンクに口座を開き、プロを味方にして運用していくのが賢い選択といえるでしょう。

　プライベートバンクは日本にもいくつか存在します。資産額が一定以上の富裕層を対象とした、銀行・証券・保険・不動産など総合的な資産運用サービスを仕事にしているのが特徴です。

　一定以上の富裕層というのはプライベートバンクによって基準が異なり、私の知る限りでは三菱ＵＦＪモルガン・スタンレーＰＢ証券が数千万円から口座を開設できますが、クレディ・スイス銀行は金融資産が10億円以上ないと口座が開けないなど、なかなか狭き門の世界です。

　エンジェル投資でホームランを打った後にいくつかのプライベートバンクに連

絡をとり、色々と相談してみるといいでしょう。もしくは、三菱ＵＦＪ銀行や三井住友銀行に億単位で入金すれば銀行側から提案しにくると思います。

◆プライベートバンクのメリット

プライベートバンクに口座を持つと、自分の担当がつきます。その担当者と話し合いながら、自分だけのオーダーメイド型の金融商品をつくっていけるのがプライベートバンクの最大の特徴になります。メリットはいくつもあるのですが、そのなかでも３つのメリットをご紹介します。

①金利と手数料

日本の銀行金利は０・００１％ですが、どのプライベートバンクでもほぼ確実に金利３％以上は取れます。私もいくつかのプライベートバンクを利用していますが、平均すると金利は７％程度で運用できていますので、３％はかなり手堅いほうだといえます。

また、手数料の考え方も普通の銀行とは異なります。従来の銀行では、金融商品で儲けを出す場合、ほとんどが手数料で儲けを出します。口座管理手数料や売買手数料、為替手数料などいたるところで手数料がかかるため、金利数％を出せたとしても手数料でほぼ失ってしまうのが現状です。

これは金融庁が出している資料（205ページの参考資料④）でも明白です。日本とアメリカでの投資信託を比較した資料なのですが、日本では販売手数料と信託手数料がアメリカの約5・4倍もかかります。収益率も日本はマイナスとなっています。

わかりやすく数字で説明すると、仮に100万円を投資したとして、アメリカでは104万2865円とプラスに運用できるのですが、日本では95万2141円とマイナス運用になってしまうのです。これに気づけば、こんな手数料の高い日本で投資をする人もいなくなりそうですね。

一方、プライベートバンクでは手数料という概念がありません。厳密にいえば、ある場合もありますが、基本的に「お客様の儲けから数％もらって稼ぐ」という精神なので、まずはお客に儲けさせようという姿勢で運用をしてくれます。このお互いにＷｉｎ・Ｗｉｎな関係はプライベートバンクならではだと思います。

②長期的なつきあい

プライベートバンクの担当者には運用だけでなく、老後資金、保険、相続対策などのサポートも依頼でき、人生設計を含めた長期的なつきあいが可能です。たまに一緒に食事しながら打ち合わせをするなど、ある意味友人のようなつきあいをされている方もいます。

もちろんお互いに真剣なので、すぐになぁなぁにはなりませんが、実績を重ねていくうちに信頼が積み重なり、そのような関係になるのかもしれません。

彼らは職業柄様々な人脈もあるため、もしあなたが経営者ならあなたの事業にとってプラスとなるような経営者をマッチングしたりもしますし、海外のイベントに興味があれば可能な限り手配をしてくれたりもします。

会社に予定外の利益が出てしまった（羨《うらや》ましい限りですが）ときには節税の提案などもします。節税で人気なのは、ここ最近オープンハウスでもやり始めたアメリカ不動産でしょうか。

アメリカでは日本と異なり、土地の価値が低く家の価値が高い傾向にあります。

それを利用し、家の価値が高いアメリカ不動産を購入し、４年間で減価償却できるスキームがあり、それをいち早く富裕層に紹介したのが某プライベートバンクだといわれています。

彼らは海外を巻き込むスキームなど幅広い知見があるため、税理士ですら確定申告の際にはスキームがわからず、彼らに説明を受ける場面もよく見るくらいです。

③教育支援

あなたに子供がいるのであれば、子供のためのサマースクールの紹介や進学先や留学先情報の提供もしてくれます。

たとえば、大変人気のあるハーバード大学やオックスフォード大学のサマースクールでも紹介可能です。留学先はスイス系の学校が多いのですが、生徒のなかには親が王族であったり石油王であったりとにわかに信じがたい子供たちも少なからずいるようなので、子供にそういう刺激を与えたい人には良いのではないでしょうか。

また、進学の相談にも最大限乗ってくれます。たとえばあまり知られていないのですが、ニューヨークに慶應義塾の姉妹校である慶應ニューヨーク校というハイスクールがあります。そこの入学試験を受けるチャンスが実は6回あり、倍率も2倍を切ります（最近だんだんと人気が出てきたようですが）。試験レベルもそれほど高くないので、きちんと対策をすれば合格できます。

もちろん、高校を卒業したら慶應義塾大学に進学することもできます。日本の付属高校はかなり狭き門なので、お金に余裕があるという条件つきですが、ニューヨークという選択肢もあるのです。このような情報も幅広く収集し提供してくれます。

他にも、子供の将来について家族のように考えてくれる担当者もいます。私の友人の話ですが、「息子が勉強嫌いで将来は海外で働きたいようだがどうしたらよいか？」とプライベートバンクの担当者に相談したところ、すぐに海外の同僚やクライアントから情報を集め、最終的にスイスのホテルビジネスを学ぶ専門学校を提案してきたそうです。

その学校では、リッツカールトンやアンダーズなど世界トップレベルのホテルのサービスやノウハウを学ぶことができ、卒業生の就職率やその後の将来展望も期待以上だったようで、友人はそこに息子を進学させました。今では独立し、海外ホテルの運営コンサルをして財をなしています。

私は、自分が知らない貴重な情報はお金を出してでも欲しいタイプの人間ですが、プライベートバンクはそのような願望をかなえてくれる場所だと思います。

◆プライベートバンクのデメリット

メリットを立て続けに話しましたが、もちろんメリットだけではありません。プライベートバンクのデメリットも説明していきます。

①結局は担当者次第

プライベートバンクの担当者は優秀な方が多いのですが、本音をいえばなかなかにはイマイチな方もいます。そのような担当者に当たってしまうと、メリットのところで紹介したような対応が受けにくい可能性もあります。

特に年配のバンカーは今までの経験だけで運営しようとする傾向があり、良いときもあるのですがトレンドが変わりやすい金融市場ではつねに最新の情報が必要なため、あまりパッとしない運用益になってしまうことがあります。

当然、全員がそうではないのですが、金融の世界で優秀なトレーダーは50歳前に一線を退くことが多いのも事実なので、違和感を覚えたら担当を代えるのも手だと思います。

②リスクある運用

投資にリスクはつきものですが、プライベートバンクが運用する場合でも、高利回りを狙おうとするとリスクがはね上がります。

そのいい例が「仕組み債」ではないでしょうか。ネット検索で仕組み債を調べると「仕組み債・デメリット」「仕組み債・割りに合わない」などネガティブな情報が山ほど出てきます。

そもそも仕組み債とはデリバティブを組み込んだ債券の総称で、通常の債券と異なり、額面割れでの償還の可能性など一定のリスクがある代わりに、比較的高い利回りが期待できる債券のことです。

一定のリスクと書きましたが、実は株式市場が不安定なときはかなりリスクが高く、私も恥ずかしながら損をしたことがあります。

ただ、運用なので最終的に株価が戻れば損にはならないのですが、パニック売りしてしまったり、なけなしのお金で運用したりすると市場から退場になってしまうため注意が必要です。

このような高利回りの金融商品は銀行にもプライベートバンクにもあり、プライベートバンクのほうができる限りリスクを軽減した商品にオーダーメイドもできるのですが、やはり損をするときはします。先日のコロナショックの際はほぼ全員がやられているはずです。

このように、プライベートバンクも１００％安心なわけではなくデメリットもあるので、その点はきちんと把握しておきましょう。

6

個人ファイナンスの戦略構築

プライベートバンクでおおまかな運用は担当者にまかせるとして、エンジェル投資で財をなすと、個人的にも様々な投資案件を紹介される場面に出くわすことになります。お金を持つと親戚が増えるとよく揶揄《やゆ》されますが、実際に様々な人が寄ってくるのも事実です。

そのなかでも「お金を貸してくれ」と訴えてくる輩の次に多いのが、証券会社やヘッジファンドなど他人のお金を預かって運用する人たちです。大小様々な企業が寄ってきますが、大企業だから安心というわけではまったくないため、運用すると決めたらきちんと見定める必要があります。

私が実際に運用しているものも含めていくつかご紹介しますので、参考にしていただければと思います。

①新興市場への投資

私が投資しているものの一つに新興市場があります。新興市場といってもベトナムやミャンマーなど様々ですが、私が推しているのはイスラエルです。

軽く説明しますとイスラエルは、四国と同程度の国土面積で人口は約900万人です。そんな現状ですが、なんと6000以上のスタートアップ企業がひしめいています。これは､国を挙げてスタートアップの育成に取り組んでいるからで、ユニークなエコシステムが存在し100社を超えるアクティブなベンチャーキャピタルもあるほどです。

また、人口に対するエンジニアの比率は世界一です。イスラエルは1年間に雨が20ミリしか降らないのですが、周りに森があったりします。これもコンピューターで水を管理するシステムを開発して実現しており、すでに世界中にその技術が伝わっています。

今や、イノベーションの聖地であるシリコンバレーはスタートアップのバリュエーションが高すぎるため投資をしにくいのですが、イスラエルのスタートアップは、世界最高峰のテクノロジーとグローバルスケールのポテンシャルを保持しながら、そのバリュエーションはそれほど高くないため、投資しやすいといわれています。

ここ最近では、イスラエルのサイバーセキュリティ関連スタートアップ「Sygnia」が、シンガポール政府系投資会社のテマセクに2億5000万ドル（約280億円）相当で買収されるというニュースも出ました。マイクロソフトやFacebookやGoogleも、イスラエルの企業をM&Aしようとマークしているといわれているくらいです。

このようなイスラエルなどの投資案件は普通の銀行や証券会社では扱っておらず、個性ある証券会社やヘッジファンドで扱われています。そのようなファンドはほぼ紹介で来るのですが、できるだけ小さめで長く続いている証券会社を当たってみると案外面白い案件が見つかりますのでおすすめです。

最近は1000万円程度で投資可能なイスラエルのファンドも増えてきたので、興味があれば探してみてください。

◆詐欺師に気をつけろ！

ヘッジファンドや証券会社のなかには実態を伴わない詐欺的なファンドも存在します。特に新興国をターゲットにしている証券会社やヘッジファンドだとなかなか現状を把握するのが難しいため、慎重に判断をしてください。

また、なかには優良ファンドを装って近づいてくる輩もいますし、実際免許すら持っていない会社もあります。金融免許を持っているとか適格機関投資家が出資しているファンドなど、運用してよいファンドには法律で決められた条件がありますので、最低限の確認はしておきましょう。

数年前に、月利3％で元本保証などの高利回り詐欺で逮捕された事件もありましたし、FXファンドで月利5％とか怪しいものも毎年出てきています。月利3％のファンドは実際あるにはあるのですが（こう書くと詐欺にまた騙《だま》される人が増えそうですが）、ほぼすべてが1年間も運用できません。ほとんどがスポットでお金を運用するファンドなので、半年運用できればいいほうだと認識してください。月利3％以上がずっと続くファンドなどあり得ないので気をつけましょう。

また、有名な経営者の名前を使って、この人も投資していると営業してくる輩もいます。私も何回かそのような営業を受けたのですが、まずは冷静になり「こんないい話が私に来るはずがない」と唱え続けたのを覚えています。

さらに、名前が出てきた有名経営者の会社に「このような投資に御社の代表の名前が使われていますが事実でしょうか?」と問い合わせまでして、当然事実無根だったので騙されずにすみました。

後日談ですが、その営業してきた会社は解散し、名前を使われた経営者からはＳＮＳでお礼の連絡があり、幸運なことに今でも仲良くさせてもらっています。私の場合は詐欺にあわずにすみましたが、読者の皆さんもこのような営業が来たら疑ってかかって損はありません。

②ラストファイナンス

あなたが順調に投資家仲間を増やし、エンジェル投資家としても知られるようになると、ラストファイナンスのお呼びがかかるかもしれません。ラストファイナンスは私のなかでもかなりおすすめの投資です。この投資は成功確率も高く、富裕層のなかでも人脈と信頼のある一部の方に声がかかることが多いのが特徴です。

そもそもラストファイナンスとは何かというと、ベンチャー企業の最後のファイナンス時に出資をすることです。

◆出資ラウンドとは？

最後のファイナンス時とは何かを説明するために、ベンチャー企業がどのタイミングで資金を調達するのかを一度まとめてみましょう。

（1）シードアーリー

シードとはラウンドの第一段階であり、そのまま「種」という意味です。企業が種の状態、すなわち芽が出る前ということで、起業前の状態を表します。

商品やサービスのリリースに向けて準備をしている段階のため、多くの資金は必要とされませんが、市場調査や会社設立費用、人件費などのコストは最低限発生します。この時期はまず自己資金や家族、友人のお金を集める時期でしたね。

そして、お金が尽きる頃が私たちエンジェル投資家の出番です。この死の谷を乗り越えられるかが勝負の分かれ目です。

アーリーは起業直後から1年半くらいの段階で、いわゆるスタートアップ企業のことです。事業を開始したものの、軌道に乗るまでは赤字経営となる企業は少なくなく、経営を続けるために必要な運転資金や設備資金、人件費等を投資家や小粒なベンチャーキャピタルなどから調達する時期です。

（2）シリーズA

事業がスタートし成長段階に入るのがシリーズAです。この時期は、売上を伸ばすために優秀な人材を増やす目的があったり、マーケティング費や広告費などの資金需要が増えることもあったりして、資金調達の規模は数千万円から2億円程度になります。この段階で、それなりの事業会社やベンチャーキャピタルから資金を調達します。ここで調達に成功すれば上場準備に入るのが一般的です。

（3）シリーズB、シリーズC

（※シリーズBの段階で十分な収益が出ている場合はシリーズCの時期に調達を行なわない場合もあるので、今回はまとめて説明します。）

事業が軌道に乗り始め、黒字化経営ができてきた段階をシリーズB・Cといいます。収益が伸びて経営が安定し、創業者や投資ファンドが投資資金の回収を行なうエグジット間近の段階です。

エグジットする際に、さらに会社のバリュエーションを上げるため全国展開や海外展開を視野に入れた資金調達をする時期でもあります。または十分に利益が出ており、最後のファイナンスの調整に入る段階もこの時期です。

その最後の調整に資金を出資することをラストファイナンスと呼んでいます。

シリーズB・Cの時期は会社のバリュエーションも高くなっていますので、出資額は5000万円程度が一般的です。また、エグジットする時期もほぼ確定しており、約1年～1年半でIPOします。利益としてはだいたい出資額の3～5倍程度が目安です。

エンジェル投資のように爆発的な利益にはなりませんが、より確実な投資にはなるため、ある程度資金が貯まればラストファイナンスはチャンスが来たらぜひ挑戦すべきでしょう。

◆ラストファイナンスの案件を紹介されるには？

条件が良い投資案件はほとんどが紹介でやってきます。友人の投資家であったりプライベートバンクの担当者であったりと様々ですが、ラストファイナンスに限っていうと、ＩＰＯを引き受けているような大手証券会社かシリーズＡで出資するようなベンチャーキャピタルやファンドの担当者からの紹介になります。

そのような人たちとは、本書のルールに沿って投資先を分類し、ピックアップした会社のうち５～10社程度にエンジェル投資をすれば、だいたい株主としてバッティングしますので連絡をとってみることです。相手側も色々な投資家と交流し、次の投資先情報を探していますので、比較的アポが取りやすいと思います。良い投資案件が欲しいならまずは行動あるのみです。

③ソーシャルレンディング

ソーシャルレンディングとは、お金を借りたい会社とお金を運用して増やしたい投資家をマッチングするサービスのことです。ソーシャルレンディング事業を運営する会社はインターネットを活用し、ウェブサイト上で資産運用したい投資家からお金を集めその資金を企業に融資します。

サービスにもよりますが、最少投資額は1万円からと元本が少なくても始めやすい運用方法です。メリットはやはり銀行金利よりも金利が高いことでしょうか。平均の利回りは約7％と現状でも高い水準にあります。

また、2018年末までは過去3年間の貸し倒れ率が1・49％であり、ここ最近までは保全性の高い金融商品と判断されていました。しかし、最近は状況も変わってきており、注意が必要です。

デメリットも挙げておきます。注目すべきデメリットは、デフォルトのリスクがあることです。企業に融資し、何らかの理由で企業が返済不可能に陥った場合にはデフォルトとなります。つまり、貸し倒れが起き、投資金の一部または全額が返済されず損失を被るのです。

たとえば、最近ではこんなニュースがありました。

長い記事なので要約します。

「㈱Crowd Leaseはソーシャルレンディング業者として、投資家から資金を調達し、貸付および資金管理を手がけていた。当社ホームページ（２０２０年2月時点）によると、累計貸付件数は６０７９案件、累計貸付金額は約１５９億８４０９万円となっている一方で、期日内の返済を得られていない延滞債権およびデフォルト債権となる案件が31件発生し、累計約55億１８１３万３３４０円の回収遅延が発生。こうしたなか、１月７日に㈱Crowd Leaseが資金調達のために使用していたソーシャルレンディングプラットフォーム運営会社が、㈱Crowd Leaseに対して破産の申し立てを行ない、審尋が進められていたが、３月17日に㈱Crowd Leaseが東京地裁に自己破産を申請した。負債は約１１２億円が見込まれる」

破産申請をしたので、投資金が損失を被る典型的なデフォルトの例です。

また、こんなニュースもあります。

「ソーシャルレンディング大手のmaneoで、不動産担保のファンド利息の延滞が発生。また投資家57人が11億円の損害賠償を求め集団提訴」

この場合はまだデフォルトはしておらず返済遅延なので、あくまでも将来的には元本が戻る前提ですが、コロナウイルスの影響もあり、どうなるかわからない状況です。

このようなニュースを見るとソーシャルレンディングは危ないもののように感じてしまいますが、すべてが損失を出すわけではないので、投資する場合はよく状況を確認しましょう。

コロナウイルスで市場が回復するにはまだまだかかると予想していますが、コロナの影響が比較的小さい市場ではソーシャルレンディングは狙い目かもしれません。投資しないまでも、ウォッチしておいて損はないと思います。

④ファクタリング

最近ではファクタリングの会社が急成長しています。ファクタリングとは、企業から売掛債権を買い取り、売掛債権の管理や回収を行なう金融サービスです。

簡単にいえば、近い将来に1000万円の対価を受け取れる権利を割引した900万円なら買い取りますよというサービスですね。900万円が数ヶ月で

1000万円になるのですから、かなりの利回りになります。

ここ最近のコロナウイルスの影響で、資金繰りが苦しく売掛債権を買ってほしい企業が続出しています。そんな状況なので、ファクタリングを行なう会社は買い取りの資金がいくらあっても足りず、投資家から資金を調達しようと動いています。

ファクタリングの場合は利息も高く、月利2~7%も珍しくありません。もちろんこの利息はスポットであり2~3ヶ月程度で終了し、元金と共に償還されますが。

こんな話をすると、「ファクタリングが一番熱い」と飛びつく方もいますが、きちんとファクタリング会社を見極める必要があります。なぜなら、今のところファクタリング会社の設立に特別な免許や登録は義務づけられておらず、特段の規制もないからです。違法業者が交じっていることもあるため慎重に検討してください。

◆比較的検討しやすいファクタリングとは？

投資に絶対はありませんし、すべての投資は自己責任なのですが、比較的投資しやすいファクタリングもあります。検討するポイントとあわせてご紹介します。ご紹介するのは「レセプト債投資」です。

日本では国民皆保険制度により、国民のほとんどが国民健康保険もしくは社会保険に加入しています。原則として3割の自己負担で医療費を払い、残りは公的保険から支払われる仕組みになっています。医療機関は、診療報酬請求明細書（これを「レセプト」と呼びます）に基づき、残りの治療費を保険組合等の公的保険に請求します。

しかし、診療報酬請求の手続きは非常に時間がかかるため、すぐに現金が必要な医療機関は困ってしまいます。そこで医療機関が診療報酬を受け取る権利をファクタリング会社やファンドに売却するのですが、それを証券化したものを「レセプト債」といいます。普通の売掛債権よりも国に売掛があるレセプト債のほうが破綻する心配もないため人気となっています。

この債権は富裕層にも人気だったのですが、2015年にレセプト債を扱う4社が破綻して社会問題となりました。なぜ破綻したかというと、レセプトは患者が医療行為を受けてから作成するのですが、月に1000件レセプトがあるのだから1年後には1万2000件、3年後には3万6000件と積み上がるはずという皮算用で、投資家から資金調達しようと欲を出してしまったのが原因の一つでした。

蓋を開けてみれば、毎月のレセプトは減少傾向にあり、気づいたときには債権の発行残高に比べて資産が明らかに少なくて破産しました。こんな杜撰《ずさん》なファクタリング会社とファンドのせいで、レセプト債までがすべて悪だと認識されています。

実際は、証券会社やヘッジファンドでは今もレセプト債投資を取り扱っています。前例の失敗から、今のレセプト債は「実際に患者が医療行為を受けた後のレセプトだけを債権にする」というルールで成り立っているので安心感があります。その代わり、レセプト債投資の案件は巷にそこまで出回らないので、投資家仲間情報をフルに使って探す必要があります。

いかがでしょうか？　ネットに転がっている投資情報は誰でも閲覧できるので、価値ある情報は多くありません。エンジェル投資家になったあなたには、投資家仲間や投資先の経営者仲間という貴重な人脈があるはずです。周りの力をすべて使いながら、自分に合った投資を探すのも投資家の醍醐味といえます。

番外編

経済ショックとエンジェル投資の関係

２０２０年の上半期はコロナウイルスが猛威をふるい、金融市場や経済が大混乱した時期でした。この時期に私をはじめ私の周りの投資家も、世界中の富裕層も資産が目減りしたと聞いています。

発生当初は中国での感染が心配されており、１月頃には中国関連の製造業や観光業への業績悪化が懸念される程度でしたが、現在では飲食業やアミューズメント業にも波及し、2011年の東日本大震災の何倍もの消費減退に直面しました。

3月2日にOECD（経済協力開発機構）が発表した経済見通しでは、日本の経済成長率を+0・2％と予測していますが、コロナウイルスの感染拡大の影響を考慮して下方修正された結果、「マイナス成長」となっています。

よく比較されるリーマンショック時の状況も振り返ってみましょう。リーマンショックが起こる1年前の2007年の日経平均株価は1万8000円程度で、それを超えている場面もありました。

それが2008年にはだんだんと下がり、1万2000円を割るところまで下落しました。9月15日にリーマンブラザーズが倒産し、翌日の日経平均株価は600円安と大幅に下落して終値は1万1609・72円でした。

そこから1ヶ月以上後に最安値となる6994・90円をつけました。さらにこの後、株価は一時的に回復し9000円台になる場面もあったのですが、3月には再び7028・49円の安値まで下がりました。リーマン倒産から半年間は株価が乱高下しています。

その後、株価は上昇に転じ、夏には1万円まで回復します。

本格的に1万2000円を超えて上がり出すのは2012年のアベノミクス以降となりますので、リーマンショックから株価が戻るまでに約4年半もかかったことになります。

今回のコロナショックはどうでしょうか？　私の予想では、今回は金融破綻が起きていないため4年半もかからずに回復すると思っていますが、オリンピックの延期により経済の回復が遅れることを考えると、戻るまでに数年はかかる可能性があります。

◆ピンチはチャンス

この状況でエンジェル投資をするのは正解なのでしょうか？　私はまさに今がピンチをチャンスに変えるときだと考えています。

実際にリーマンショック後の2009年には、様々なエンジェル投資家がベンチャー企業に出資しています。普段では出資を受け付けないような人気企業も、リーマンショックの煽《あお》りを受けてバリュエーションが下がったのも要因のひとつです。

当時出資を受けた企業も株価回復と共に業績を伸ばし、出資から3～4年程度でかなりの数がエグジットに成功しています。2013年末の上場数は昨年比150%以上を達成しており、リーマンショック後に投資したエンジェル投資家の多くもホームランを打つことに成功しています。

いかがでしょうか？　今の状況だからこそ積極的にエンジェル投資をしていくことが成功につながるのではと私は考えています。

エンジェル投資と日本の未来（あとがきに代えて）

いかがでしたでしょうか？　本書によってエンジェル投資のハードルが下がり、自分もできそうだと感じていただけたならば嬉しいです。

エンジェル投資の業界が発展していけば、日本の経済はまだまだ成長できます。逆にいえば、現状のまま賞味期限切れのアベノミクスに従って何もせず過ぎていくと、間違いなく日本はじり貧になり沈んでいきます。

今の日本の状況を整理してみましょう。まず税金でいえば、消費税がどんどん上がっています。３％、５％、８％、そして昨年には10％になりました。これだけでも消費者には苦しく厳しい現状ですが、それでもＩＭＦは、日本は10年以内に消費税を15％に上げないと国が成り立たないと警告しています。

東南アジアなど、かつての貧しい国はどんどんと発展し、経済成長をとげ、国民の給与も上がっています。実は日本と北朝鮮だけが、この20年間で経済成長からも昇給からも置いてけぼりをくらっているといわれています。こんな状況にもかかわらず、国家公務員の給与は6年連続で上がっていることを考えれば、少しはこの国の状況がわかるかもしれませんね。

年金はどうでしょうか？　当初は60歳になれば全員がもらえるはずでしたが、それが65歳に延び、今は70歳になろうとしています。そのうち日本の老後とは80歳になるのではないかと本気で思います。

事実、日本は70歳までの定年雇用努力を義務化し、２０２１年4月に施行しようとしています。それに対抗するため、企業は45歳以上のリストラを進めようとしており、本末転倒の最悪な状況となっています。

このままで本当に大丈夫だと思いますか？　私はそう思いません。国が頼りにならないからこそ、国民一人ひとりが自分の身を守るために何をすべきか教育することが必要不可欠だと思います。

インドにＩＴが普及したのは、国が主導したのではなく、一説にはカースト制度を打ち破るためといわれています。生まれた瞬間に身分が決まるカースト制度を打破するため、一番階級が低い人たちが誰にいわれるでもなく率先してＩＴを学び、見事階級制度を打ち破り、ＩＴで富をつかんだと伝わっています。

私たち日本も率先して学ぶ必要があるのではないでしょうか。

日本では金融の授業がないため、日本がどれだけ危険な状態かわからない人でいっぱいです。今からでも遅くはありません。投資を学び、自分の資産を増やし、さらに今後の日本を支える若者を応援できる環境をつくることが大事だと考えています。そのための足掛かりとして、エンジェル投資が日本に浸透することを切に願います。

◆エンジェル投資が浸透すると日本の経済はどう変わるのか？

エンジェル投資が浸透することで、日本のスタートアップが世界に進出して競い合う度合いが、今までと比較にならないくらい高まります。日本企業が海外に進出し、外貨を荒稼ぎできれば日本の経済は間違いなく成長します。

そもそも日本のスタートアップの技術力は海外の会社と比べても遜色ありませんし、むしろ上回っていることも多々あります。

ではなぜ海外進出がうまくいかないのか？　一つの要因が資金調達です。

日本のビジネスでの投資は、資金をギリギリに投下する傾向があり、スタートアップの調達もギリギリのラインで行なうため、つねに次のラウンドのお金を気にする必要があります。結局経営者はビジネスのことより資金繰りで駆け回らなければならない場面が増え、海外企業にスピードで負けてしまうのです。

海外のように投資が盛んで、ある程度余裕をもった資金調達ができれば状況は一転します。

「貯金の使い途をどうしよう?」と思ったとき、自分の資産運用と日本の将来のために宝くじよりもエンジェル投資をするのが一般的になれば、日本の抱える諸問題の解決の一助になるのではと考えています。

おわりに

本書を手に取っていただきありがとうございます。また最後までじっくりとお読みいただけたならば、なお嬉しいです。重ねて感謝いたします。

本書は私の今までの拙い経験を含め、エンジェル投資に関して余すことなく書いたつもりです。エンジェル投資の方法はもちろん、投資先の見つけ方、その先のエグジット後の資産運用方法などをまとめた本はおそらく今までになく、少しは世の中にインパクトを与えられたかなと自画自賛しております。本書があなたの人生に役立つことを祈っています。

最後に、私がこの本を執筆するに当たって「モデル」とさせていただいた友人や多くの方々に感謝します。また、この本を出版する機会を与えてくださった皆様にも、この場をお借りして心からお礼を申し上げます。本当にありがとうございました。

読者へのご案内

弊社オンラインサロンROSでは、定期的に投資関連の記事や動画を配信しております。また、2ヶ月に一度のペースでサロンメンバーやエンジェル投資家を集めたピッチイベントを開催しております。詳細およびお申し込みは株式会社RicheLabのホームページ内にある「ROS」をご覧ください。

読者限定プレゼント

読者の方限定の特典として、著者が運営する会員制レストランの「交流会お試しチケット」を無料でプレゼントいたします。月1回ペースで定期的に投資家同士の交流や情報交換の場を設けていますので、経営者の方や投資家の方はもちろん、これから起業する方にもおすすめです。詳しくは弊社ホームページの「読者プレゼント」のページをご覧ください。

http://riche-lab.jp/

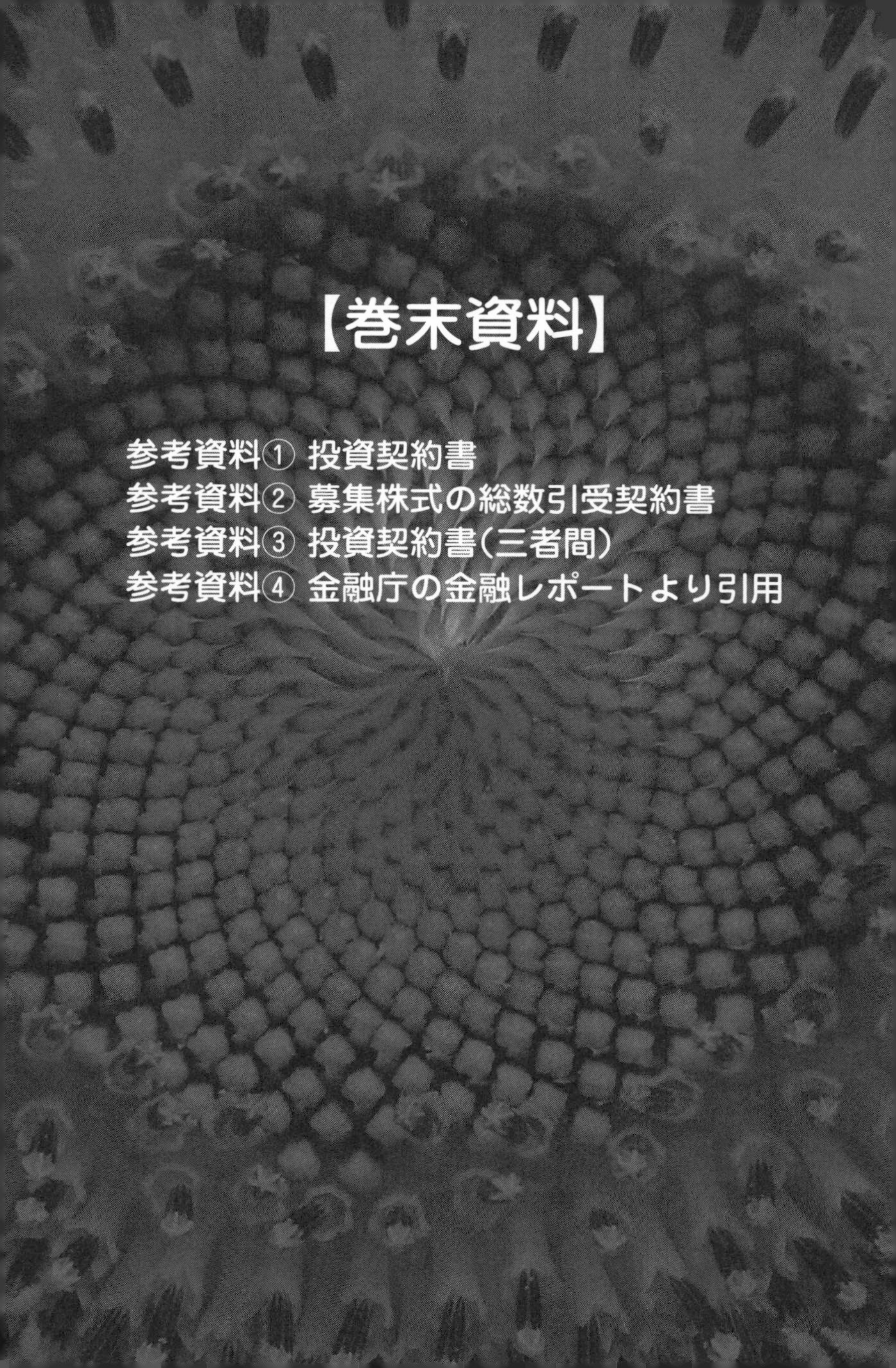

【巻末資料】

参考資料① 投資契約書
参考資料② 募集株式の総数引受契約書
参考資料③ 投資契約書(三者間)
参考資料④ 金融庁の金融レポートより引用

参考資料① 投資契約書

投 資 契 約 書

<table>
<tr><td rowspan="3">発行会社</td><td>住　　所</td><td></td></tr>
<tr><td>会 社 名</td><td>株式会社 ○○○○</td></tr>
<tr><td>代表者名</td><td>代表取締役 ○○○○</td></tr>
<tr><td rowspan="3">投 資 者</td><td>住　　所</td><td></td></tr>
<tr><td>会 社 名</td><td>株式会社 □□□□</td></tr>
<tr><td>代表者名</td><td>代表取締役 □□□□</td></tr>
<tr><td>契約締結日</td><td colspan="2">○○○○ 年 □□ 月 △△ 日</td></tr>
<tr><td rowspan="14">発行条件</td><td colspan="2">（1）募集株式の種類</td></tr>
<tr><td colspan="2">（普通 or 種類）株式</td></tr>
<tr><td colspan="2">（2）募集株式の数</td></tr>
<tr><td colspan="2">○○○株</td></tr>
<tr><td colspan="2">（3）募集株式の1株あたりの払込金額</td></tr>
<tr><td colspan="2">募集株式1株につき金○○,○○○円（以下「本件払込金額」という）</td></tr>
<tr><td colspan="2">（4）払込金額の総額</td></tr>
<tr><td colspan="2">金○,○○○,○○○円</td></tr>
<tr><td colspan="2">（5）増加する資本金及び資本準備金の額</td></tr>
<tr><td colspan="2">増加する資本金の額は、会社計算規則第14条に従い算出される
資本金等増加限度額に0.5を乗じた額とし、計算の結果1円未満の
端数を生じる場合は、その端数を切り上げるものとする。
増加する資本準備金の額は、資本金等増加限度額より増加する
資本金の額を減じた額とする。</td></tr>
<tr><td colspan="2">（6）払込期日</td></tr>
<tr><td colspan="2">○○○○ 年 □□ 月 △△ 日</td></tr>
<tr><td colspan="2">（7）募集株式の割当方法</td></tr>
<tr><td colspan="2">第三者割当の方法により、
株式会社 □□□□ に ○○○株 の ○○株式 を割り当てる。</td></tr>
<tr><td>特約事項</td><td colspan="2">なし</td></tr>
</table>

本投資契約書（以下「本契約」という。）は、表記記載の発行会社、
並びに投資者の間で、表記記載の契約締結日付において発行会社が
発行する株式の投資者による引受に関し締結された。

第１条（定義）
本契約において使用される以下の各用語は各々以下に定める意味を有する。
（１）「株式等」とは、株式及び潜在株式の総称とする。
（２）「潜在株式」とは、新株予約権、新株予約権付社債その他株式への転換、株式との交換、株式の取得が可能となる証券又は権利（会社法その他の法令の改正により本契約締結後に発行又は付与が可能となったものを含む。）を意味する。
（３）「発行会社株式等」とは、発行会社が発行する株式等を意味する。
（４）「持株比率」とは、発行済みの発行会社株式等（発行会社が保有するものを除く。）の数の合計数に占める、特定の者の保有する発行会社株式等の数の合計数の割合を意味する。なお、潜在株式の数は、潜在株式の目的となる発行会社の株式の数を意味するものとして計算する。

第２条（募集内容）
発行会社は、表記記載の発行条件にて株式（以下「本件株式」という。）を発行し、投資者はこれを引き受けるものとする。なお、発行会社と投資者が協議の上、払込を二回に分割することも可能とする。

第３条（払込の前提条件）
表記記載の発行条件に定める投資者による払込は、払込日において以下の各号に定める条件が全て満たされていることを条件として行なわれるものとする。但し、投資者は任意の裁量により当該条件を放棄することができる。
１．発行会社は、本件株式の発行を実行するために会社法その他の関係法令及び定款その他社内規則上必要とされる株主総会決議一切の手続を適法かつ有効に履践していること。
２．第４条に定める発行会社の表明及び保証が、本契約締結日現在及び払込日現在において全て真実かつ正確であること。
３．発行会社が、前各号の事実を確認するために投資者が合理的に要求する書類を投資者に全て交付していること。

第４条（表明保証）
発行会社は、それぞれ投資者に対し、本契約の締結日及び払込日の各時点において、以下の各号に定める事実が真実かつ正確であることを表明し、保証する。
１．発行会社が投資者に交付した発行会社に関する書類及び情報（但し、将来の予想・見通しに関するものは除く。）は真実かつ正確であること。また、投資者の本件株式引受に関する判断に重大な影響を及ぼす情報は全て投資者に開示されていること。

2．発行会社は、投資者に対して別途提出した○○○○年□□月△△日付株主名簿記載の株式以外に、何ら発行会社株式等を発行又は付与しておらず、また、される予定もないこと。
3．発行会社を含む既存株主の間において株主間契約その他発行会社の株主としての権利行使、発行会社の運営に関する一切の合意は存しないこと。但し、発行会社が投資者に対し提出済みの契約を除く。
4．発行会社、発行会社の特別利害関係者、株主、従業員及び取引先等が暴力団、暴力団員又はこれに準ずる者（以下「暴力団等」という。）でないこと、かつ、暴力団等に資金提供その他の行為を行なうことを通じて暴力団等の維持、運営又は経営に協力又は関与していないこと。その他一切の発行会社、発行会社の特別利害関係者、株主、従業員及び取引先等が暴力団等との交流関係がなく、又過去においてもないこと。なお、本契約において、特別利害関係者とは、役員（役員持株会を含む。）その配偶者及び二親等内の血族、これらの者により発行済株式総数の過半数が所有されている会社、並びに、関係会社及びその役員をいう。
5．発行会社が投資者に対し提出した事業報告、貸借対照表、損益計算書及びこれらの附属明細書、直近の月次試算表（以下本契約において「計算書類等」という。）及び最新の事業計画書については、虚偽の記載がなく、かつ計算書類等が日本において一般に公正妥当と認められる企業会計の基準に従って作成されており、発行会社の財務状況及びその変化を正確かつ公正に示すものであること。貸借対照表又はそれらの注記に記載されていない発行会社に悪影響を及ぼす簿外取引及び債務（隠れた債務、保証債務、偶発債務その他不法行為責任から生ずる債務を含む。）が存在せず、発行会社の運営、財務状況、経営成績、信用状況等に影響を及ぼす後発事象が発生していないこと。
6．発行会社に対する民事、刑事又は行政上の裁判手続、訴訟、行政手続、調査その他の手続は係属しておらず、その虞もないこと。

第5条（法令等の遵守）
発行会社は、会社法、金融商品取引法その他の全ての法令及び定款その他の社内規則を遵守するものとし、発行会社の事業の運営に関し法令上要求される全ての免許、許可又は認可の取得、登録又は届出を維持するものとする。

第6条（報告義務）
投資者から請求があった場合には、発行会社は、請求があった事項について報告しなければならない。

第7条（稀薄化防止条項）
1．発行会社が発行会社株式等の発行又は処分を行なう場合、発行会社は、その旨を発行又は処分の21日前に投資者に対して書面により通知する。投資者は、かかる通知を受領後14日以内に発行会社に対して請求することにより、その発行又は処分が行なわれる直前の投資者の持株比率を維持するために必要な数量の当該発行会社株式等の割当を、当該発行会社株式等の払込金額又は行使価額と同一の価額において受ける権利を有する。但し、その割当に応じるか否かについては、投資者の判断によるものとする。

2．発行会社がA種優先株式とは異なる種類株式を発行会社の定款に定める場合において、当該種類株式の内容として普通株式に優先して残余財産の分配が行なわれる旨が定められる場合には、当該種類株式とA種優先株式の残余財産の分配は同順位で行なわれるものとし、発行会社は、これに必要な措置（当該種類株式の引受予定者との交渉及び定款変更手続を含むがこれに限られない。）を行なうものとする。

第８条（投資者による株式等の譲渡）
投資者は、自己の裁量により、その保有する発行会社株式等を第三者に譲渡することができるものとする。発行会社は、かかる譲渡が有効となるために必要な全ての社内手続を行なうものとする。

第９条（オプションプール）
発行会社が発行する新株予約権の発行数量は、発行会社発行済株式総数に対し１０％以内とする。但し、発行会社が投資者との間で協議の上同意を得ることにより、当該発行数量を増加できるものとする。

第１０条（契約違反）

1．投資者は、発行会社が本契約に違反した場合には、その保有する発行会社の株式の全部又は一部を買い取ることを、発行会社に対して請求する権利を有する。この場合、１株当たりの譲渡金額は投資者が本件株式を取得した際の１株当たりの払込金額とするが、発行会社において株式分割、株式併合、株主割当の方法による株式等の発行若しくは処分、又は株式等の無償割当が行なわれた場合その他必要と認められる場合には、投資者により適切に調整されるものとする。
2．発行会社は、本契約又は本合意書に違反して投資者に損害を与えた場合には、その損害を賠償する責任を負うものとする。
3．発行会社は、本条に基づく発行会社の株式の買取及び損害の賠償に関して連帯責任を負うものとする。

第１１条（役員報酬の改定又は決定における事前承認）
発行会社は、役員の報酬（役員の使用人給与及び賞与も含む。）の改定又は決定を行なう場合には、７日前までに改定又は決定の内容を投資者に書面にて通知し、事前に投資者の書面による承認を得るものとする。

第１２条（有効期間）

1．本契約は、本契約締結日に発効し、以下のいずれかの場合に終了する。
（１）発行会社と投資者が書面により承諾した株式市場において株式公開した場合
（２）発行会社が解散（合併による解散を除く。）した場合

（３）投資者が発行会社株式等を全く保有しなくなった場合

２．本契約の終了は将来に向かって効力を生じ、本契約に別段の定めがある場合を除き、終了前に本契約に基づき具体的に発生した権利及び義務は終了による影響を受けないものとする。

第１３条（株式の転換）

本契約締結日以降、発行会社が優先株式の発行による資金調達を実施した場合、発行会社は、投資者の指示に従い、投資者が保有する全普通株式を当該優先株式と同一の種類の優先株式に転換するための必要なあらゆる手続を取るものとする。

第１４条（他の契約の制限等）

１．発行会社は、投資者以外の第三者との間で、本契約のいずれかの条項の履行を妨げる契約の締結又は合意をしてはならないものとする。

２．発行会社が投資者以外の第三者との間で、本契約の投資者に対する内容よりも当該第三者に有利であると投資者が判断する契約（以下「有利契約」という。）を締結する場合には、投資者からの要請に基づき投資者が指定した範囲において、本契約の内容は有利契約の内容に変更され、又は、有利契約の内容が本契約に追加されるものとする。

第１５条（準拠法及び合意管轄）

本契約の準拠法は日本法とし、本契約に関連して生じた紛争については、東京地方裁判所を第一審の専属的合意管轄裁判所とする。

以上

本契約成立の証として、本書２通を作成し、
各当事者署名又は記名捺印の上、各１通を保有する。

○○○○年□□月△△日

発行会社　　所在地：

会社名：株式会社○○○○

代表者：○○○○

本契約成立の証として、本書２通を作成し、
各当事者署名又は記名捺印の上、各１通を保有する。

○○○○年□□月△△日

投資者１　　所在地：

会社名：株式会社□□□□

代表者：□□□□

参考資料② 募集株式の総数引受契約書

株式会社○○○○（以下「会社」という。）及び末尾署名欄記載の本引受人（以下「本引受人」という。）は、○○○○年□□月△△日付臨時株主総会決議に基づく会社の募集株式の割当及び引受について、以下のとおり合意する。

第１条　会社は本引受人に対して、下記の要領で発行する募集株式のうち、○○○株を割り当てる。本引受人は本契約をもってこれを引き受け、他の引受人と共に発行される募集株式の総数を引き受けるものとする。

記

１．募集株式の種類及び数
（普通 or 種類）株式　○○○株

２．募集株式の割当方法
特定の第三者に以下のとおり募集株式の割当を受ける権利を与える。

割当を受ける者	割り当てる募集株式の種類	割り当てる株式数
株式会社 □□□□	（普通 or 種類）株式	○○○株
合計		○○○株

３．募集株式の払込金額
募集株式１株につき　金○○,○○○円

４．増加する資本金及び資本準備金に関する事項
増加する資本金の額は、会社計算規則第１４条に従い算出される資本金等増加限度額に0.5を乗じた額とし、計算の結果１円未満の端数を生じる場合は、その端数を切り上げるものとする。増加する資本準備金の額は、資本金等増加限度額より増加する資本金の額を減じた額とする。

５．払込期日

○○○○年□□月△△日

６．払込を取り扱う場所

銀 行 名：○○○○銀行
支 店 名：○○支店or本店（支店番号：○○○）
口座番号：普通○○○○○○○
名　　義：（カ　○○○○

本契約成立の証として、本書２通を作成し、
各当事者署名又は記名捺印の上、各１通を保有する。

○○○○年□□月△△日

１．会　　社：　　　　　　所在地：

会 社 名：株式会社○○○○

代 表 者：○○○○

本引受人：　　　　　　所在地：

会 社 名：株式会社□□□□

代 表 者：□□□□

参考資料③ 投資契約書（三者間）

投 資 契 約 書

第２条にて定義する本件株式の引受人となろうとする投資家（以下「甲」という。）の代理人である株式会社　　　　　　　（以下「甲代理人」という。）、　　　　　　（以下「乙」という。）及び乙の代表取締役である　　　　　　（以下「丙」という。）は、乙が発行する普通株式を甲が取得するに当たり、以下のとおり投資契約（以下「本契約」という。）を締結する。

第１条（目的）
本契約は、乙に払い込まれた資金を乙の事業の発展に合理的に必要と認められる事項に使用することにより、乙の事業を成長させることを目的とする。

第２条（募集株式の発行及び取得）
1．乙は、令和　年　月　日開催予定の株主総会特別決議に基づき下記の要領で募集株式の発行を行ない、甲は、普通株式　株（以下「本件株式」という。）を引き受けるものとする。
（1）募集株式の数　普通株式　　　　株
（2）募集株式の払込金額　1株につき金　　　　円
（3）払込金額の総額　金　　　　万円
（4）増加する資本金　増加する資本金の額は金　　　　万円
（5）募集方法　第三者割当の方法により、甲に　　　　株を割り当てる
（6）払込期日　令和　年　月　日（予定）又は甲及び乙が別途合意した日
（7）払込口座　乙が別途指定する銀行口座（振込手数料は甲負担）
2．乙は、前項により甲が払込をした場合、遅滞なく商業登記に関する申請手続を行なうものとし、また、払込期日後１ヶ月以内に甲の保有する乙株式に関する株主名簿記載事項証明書を発行するものとする。

第３条（資料提供）
乙は甲に対し、以下の資料を提供するものとする。但し、原本の交付が困難な資料については、原本の写しを提供することで足りる。
（1）乙の定款
（2）乙の商業登記簿謄本（履歴事項全部証明書）
（3）乙の株主名簿
（4）乙の事業計画書
（5）乙の資本政策表
（6）乙の発行後１ヶ月以内の印鑑証明書
（7）令和 年 月 日開催予定の乙の株主総会議事録

第４条（表明及び保証）

乙及び丙はそれぞれ、甲に対し、本契約の締結及び乙への投資の重要な基礎として、次の各号に定める事項が真実であることを表明し、保証する。

（１）乙は、日本法に基づいて適法かつ有効に設立され、かつ存続する株式会社であり、現在行なっている事業を行なうために必要な権限及び権能を有していること。

（２）乙は、本契約締結日において、適用ある法令等の重要な点を遵守していること。

（３）乙は、本契約の締結及び義務の履行並びに本契約に基づく本件株式の発行について、必要な能力及び権限を有し、かかる締結、履行及び発行に必要なすべての手続は適法かつ有効に行なわれていること。

（４）丙は、本契約の締結及び義務の履行について、必要な能力及び権限を有していること。

（５）第３条に定める資料に記載されている情報が、乙についての最新の内容を正確に反映しており、重要な点において適正かつ十分であること。

（６）乙の知る限り、本契約締結日において、乙の資産もしくは負債の状況、財政状態又は経営成績に重大な悪影響を及ぼす事象は発生していないこと。

（７）乙及び丙の知る限り、本契約締結日において、乙又はその役員に対し、訴訟等（役員に対するものの場合、その業務に関するものに限る。以下同じ。）は一切係属していないこと。また、本契約締結日において、乙及び丙が第三者に対して提起し現在係属中である訴訟等は存しないこと。

（８）乙、丙又はそれらの特別利害関係者又は株主、取引先等が、第１４条第１項にて定義する反社会的勢力でないこと、反社会的勢力に資金提供もしくはそれに準ずる行為を通じて、反社会的勢力の維持、運営に協力又は関していないこと、反社会的勢力と交流を持っていないこと。

第５条（乙の特約）

１．本契約当事者は、本契約の履行が困難となる虞が生じた場合は、速やかにその旨を他の当事者に報告し、かつ本契約の履行のために必要な措置を講じるものとする。

２．乙及び丙は、以下の経営に関する事項を決定する場合、事前に甲に対して報告するものとし、当該報告に基づき本契約当事者の協議が必要であると甲が判断した場合には事前に協議を行なうものとする。

（１）会社の目的、商号、本店所在地、発行可能株式総数の変更又は定款の変更

（２）資本金の額の減少

（３）自己株式の取得、自己新株予約権又は自己新株予約権付社債の取得

（４）株式の分割、併合又は種類変更

（５）配当又は中間配当

（６）合併、株式交換、株式移転、会社分割、買収、資本提携又は組織変更等

（７）事業の全部又は一部の譲渡、譲受、休止又は廃止及び新規事業の開始

（８）解散、清算

（９）業務上の提携又はその解消

（10）破産手続開始、民事再生手続開始、会社更生手続開始、特別清算開始又は企業担保権実行の申立て
（11）代表者、取締役、監査役の選解任
（12）乙、丙その他の乙の経営陣、乙と同じ企業集団に属する会社又は丙その他の乙の経営陣の保有する会社との間の取引
（13）運営、財政状態、経営成績、信用状況等の点で重要な契約の締結又は変更その他重要な法律行為
（14）甲が通知を依頼する、運営、財政状態、経営成績、信用状況等の点で重要な事項
（15）取締役に準ずる経営幹部など、経営上影響力の大きい人物の人事異動及び新規採用
３．甲は、乙の株主として、随時乙に対して報告又は資料の提出を求めることができ、乙は遅滞なく当該要求に応じるものとする。
４．乙は、甲が指定する日までに乙の年間予算及び株主名簿を作成し、遅滞なく甲に提出するものとする。

第６条（甲の第三者割当増資）
甲は、乙が株式、新株予約権もしくは新株予約付社債の発行（以下「第三者割当等」という。但し、乙の取締役及び従業員に対してインセンティブの付与を目的として発行するものを除く。）を行なう場合、甲の持分割合（潜在株式を含む。）に応じて、乙が行なう第三者割当等の割当を受ける権利を有する。但し、第三者割当等の割当に応じるか応じないかは、甲の判断によるものとし、応じたこと、応じないことを理由としていかなる不利益も被らず、また、乙、丙に対していかなる責任も負わない。

第７条（甲の保有する株式の譲渡）
１．甲は、法令及び乙の定款に従い、本件株式の全部又は一部を譲渡することができる。
２．前項の譲渡に当たっては、甲は乙と、譲渡先、譲渡の条件等について誠実に協議するものとする。

第８条（株式買取請求権）
１．以下のいずれかの事由が生じた場合において、甲が本件株式の買取を請求したときは、
乙及び丙は連帯して、法令で認められる範囲内で本件株式を自ら買い取るか、又は別途指定した第三者をして本件株式を買い取らせる義務を負うものとする。この場合、乙は、本項に基づく買取が有効になるために必要な社内手続を行なうと共に、丙は乙のかかる社内手続に最大限協力するものとする。
（１）第４条に定められた表明及び保証が重要な点で虚偽であった場合
（２）乙又は丙が、本契約に違反し、当該違反の是正を求める甲からの通知を受領後３０日以内にかかる違反を是正しない場合
２．前項における１株当たりの買取価額は、次のうち最も高い金額とする。
（１）甲の取得単価（但し、株式の分割、併合、交換等持株比率を変動させない株式数の変動があったときは適切に調整されるものとする。）

（２）甲の買取請求時における最近取引事例の単価（但し、次号の算定を行なった場合には、その単価を超えない額。）
（３）監査法人、公認会計士等、甲及び乙が合意する第三者が算出する単価
３．前各項の定めは、第１項各号に該当する事由により甲が被った損害を連帯して賠償することを別途乙又は丙に対して請求することを妨げないものとする。

第９条（秘密保持）
１．甲及び乙は、本契約の履行に際して知り得た他の当事者に関する情報その他本契約に関する一切の情報（以下「本情報」という。）について、秘密として扱うものとし、かつ、本契約の目的以外に使用せず、相手方の事前の書面による承諾がない限り、第三者に漏洩又は開示してはならない。
２．前項の規定にかかわらず、本条には次の各号に該当する情報は含まれないものとする。
（１）受領の時点で、既に公知となっていた情報
（２）受領後に受領者の責に帰すべき事由によらず公知となった情報
（３）受領の時点で受領者が既に保有していた情報
（４）受領後に受領者が正当な権限を有する第三者から秘密保持義務を自ら負うことなく開示された情報
（５）官公署又は法的手続により提出を命じられた情報
３．第１項は、本契約の終了後も効力を有する。

第１０条（契約の終了）
１．本契約は、次の場合に終了する。
（１）本契約当事者が本契約の終了を全員一致で合意した場合
（２）甲が本件株式の払込後、乙の株主ではなくなった場合
２．本契約の終了は、将来に向けてのみその効力を生じ、本契約に別段の定めがある場合を除き、終了前に本契約に基づき発生した権利及び義務は終了による影響を受けない。

第１１条（費用の負担）
１．乙は、本契約の締結、本件株式の発行、本件株式の配当の支払について支払われるべき印紙税その他の公租公課（甲の所得にかかる税を除く。）を全て負担し、これを支払う。
２．前項その他本契約に別段の定めがある場合を除き、本契約当事者は、それぞれ、本契約の交渉、作成、署名又は記名捺印及び義務の履行に関連して自己が支出した全ての費用（弁護士、公認会計士等の第三者に対する報酬及び費用を含む。）を各自負担する。但し、相手方の債務不履行を原因として、債務不履行又は損害の賠償、補償等を求める場合の費用についてはこの限りではない。

（5）その他前各号に準ずる行為
4．甲及び乙は、相手方が第2項又は前項に違反したとき、何らの催告を要することなく直ちに本契約を解除することができる。この場合、契約を解除した当事者は、相手方に対し、何らの損害を賠償する責を負わない。
5．甲又は乙は、自己の取引先等が、反社会的勢力又は第2項各号のいずれかに該当することが判明した場合は、契約の解除その他の必要な措置をとらなければならない。

第１５条（準拠法）
本契約は、日本法に準拠し、日本法に従って解釈されるものとする。

第１６条（協議）
本契約に定めのない事項又は本契約の各条項の解釈につき疑義が生じた場合は、甲乙丙は、誠意をもって協議し解決を図るものとする。

第１７条（合意管轄）
本契約に関する紛争について、東京地方裁判所を第一審の専属的合意管轄裁判所とする。
本契約の成立を証するため、本契約書３通を作成し、甲乙丙は各自署名又は記名・押印の上、各1通を保有する。

令和　　年　　月　　日

（甲代理人）

（乙）

（丙）

参考資料④ 金融庁の金融レポートより引用

国	規模（純資産）	設定依頼期間	販売手数料	信託報酬	収益率
日本	1.1兆円	13年	3.20％	1.53％	－0.11％
米国	22.6兆円	31年	0.59％	0.28％	＋5.20％

（注記）表中の販売手数料・信託報酬・収益率は、年率の平均値です。
また、販売手数料・信託報酬は、税抜です。

増田裕介（ますだ・ゆうすけ）

慶應義塾大学商学部卒。大学在学中に、IT、PR、飲食、教育系のビジネスに従事。2006年に1社目の会社をバイアウト以降、現在まで4社のバイアウトを経験。2017年には大学受験予備校「増田塾」をZ会グループにバイアウトし、自身は増田塾会長に就任。2017年3月、内閣府から当時最年少で公益認定を受け、公益財団法人日本教育文化財団を立ち上げ代表理事に就任、2020年には適格機関投資家として金融庁に登録される。現在はシリアルアントレプレナーとしての事業運営、エンジェル投資家としての出資活動をする傍ら、経営コンサルタントとして次世代起業家のサポートに力を注いでいる。

1口《ひとくち》30万円《まんえん》から、エンジェル投資家《とうしか》になって億《おく》を築《きず》く！

2020年8月13日　初版発行
2020年9月23日　3刷発行

著者　増田裕介
発行者　常塚嘉明
発行所　株式会社 ぱる出版

〒160-0011　東京都新宿区若葉1-9-16
03(3353)2835 — 代表　03(3353)2826 — FAX
03(3353)3679 — 編集
振替　東京 00100-3-131586
印刷・製本　中央精版印刷(株)

ISBN978-4-8272-1245-7 C0033